Jo-Jo

Mathematik 2
Arbeitsheft

Herausgegeben von
Joachim Becherer
Dr. Andrea Schulz

Erarbeitet von
Joachim Becherer
Martin Gmeiner
Mechthild Schmitz
Dr. Andrea Schulz
Tanja Wolf-Gozdowski
Heike Wadehn

 Deine interaktiven Übungen findest du hier:

1. Melde dich auf scook.de an.
2. Gib den unten stehenden Zugangscode in die Box ein.
3. Hab viel Spaß mit deinen interaktiven Übungen.

Dein Zugangscode auf
www.scook.de

Die Nutzungsdauer für die Online-Übungen beträgt nach Aktivierung des Zugangscodes zwei Jahre. In dieser Zeit speichern wir deine Lernstandsdaten für dich; nach Ablauf der Nutzungsdauer werden sie gelöscht.

npr6w-3c4ev

Cornelsen

Inhaltsverzeichnis

Wiederholung
Besuch im Polarium	3
Übungen zum Addieren und Subtrahieren	4/5

Der Zahlenraum bis 100
Schätzen und zählen	6
Hunderterfeld und Zehnerzahlen	7
Zehner und Einer	8
Zahlbilder	9
Die Hundertertafel	10
Der Zahlenstrahl	11
Euro und Cent	12
Wiederholung	13

Geometrische Körper
Würfel, Quader, Zylinder und Kugel	14
Ansichten von Körpern	15
Würfelgebäude	16

Addieren und subtrahieren bis 100 (I)
Addieren und subtrahieren von Einern ohne Zehnerübergang (ZÜ)	17
Addieren von Einern mit Zehnerübergang (ZÜ)	18
Subtrahieren von Einern mit Zehnerübergang (ZÜ)	19
Sachrechnen mit Geld	20
Wiederholung	21

Längen
Längen vergleichen und ordnen	22
Meter und Zentimeter	23

Addieren und subtrahieren bis 100 (II)
Addieren und subtrahieren von zweistelligen Zahlen ohne Zehnerübergang (ZÜ)	24
Addieren von zweistelligen Zahlen mit Zehnerübergang (ZÜ)	25
Subtrahieren von zweistelligen Zahlen mit Zehnerübergang (ZÜ)	26
Übungen zum Addieren und Subtrahieren (I)	27
Übungen zum Addieren und Subtrahieren (II)	28
Sachrechnen: Rechnungen Aufgaben zuordnen	29
Wiederholung	30

Ebene Figuren und Muster
Quadrat, Rechteck, Dreieck und Kreis	31
Muster und Ornamente	32
Figuren auslegen und spannen	33
Flächen zeichnen	34

Multiplizieren und dividieren
Vom Addieren zum Multiplizieren	35
Malaufgaben und Tauschaufgaben	36
Dividieren	37
Umkehraufgaben und Aufgabenfamilien	38
Daten, Häufigkeit und Wahrscheinlichkeit	39
Sachrechnen: Skizzen als Lösungshilfen	40
Wiederholung	41

Kalender
Monate, Wochen und Tage	42
Kalender und Datum	43

Das Einmaleins (I)
Einmaleins mit 10, 5 und 2	44/45
Schlüsselaufgaben	46
Einmaleins mit 4 und 8	47
Übungen zum Multiplizieren und Dividieren	48
Sachrechnen: Rechengeschichten und Rechnungen	49
Wiederholung	50

Uhrzeiten
Stunden und Minuten	51
Zeitpunkte und Zeitspannen	52/53

Das Einmaleins (II)
Einmaleins mit 3	54
Einmaleins mit 6	55
Einmaleins mit 9	56
Einmaleins mit 7	57
Übungen zum Einmaleins	58
Sachrechnen: Kombinieren	59
Wiederholung	60

Achsensymmetrie
Entdeckungen mit dem Spiegel	61
Symmetrische Figuren	62

Rechnen bis 100
Addieren und subtrahieren (I)	63
Addieren und subtrahieren (II)	64
Multiplizieren und dividieren (I)	65
Multiplizieren und dividieren (II)	66
Teilen mit Rest	67
Wiederholung	68

100 und mehr
100 und mehr	69
Der Zahlenraum bis 200	70
Reise in die Klasse 3	71

Übungen zum Addieren und Subtrahieren

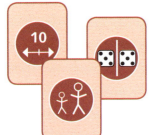

1

a) 4 + 4 = __
4 + 5 = __
6 + 6 = ____
6 + 7 = ____

b) 11 + 4 = ____
14 + 5 = ____
16 + 2 = ____
13 + 7 = ____

c) 8 + 3 = ____
9 + 4 = ____
8 + 6 = ____
7 + 5 = ____

2 Kleine Aufgabe – große Aufgabe. Male, ergänze und rechne.

17 – 5 = ____	18 – 6 = ____	6 – 3 = __	5 – 2 = __
8 – 6 = __	4 – 3 = __		16 – 3 = ____
15 – 2 = ____		14 – 3 = ____	7 – 5 = __

3

a) 6 – 3 = __
10 – 5 = __
12 – 6 = __
14 – 7 = __

b) 11 – 2 = __
12 – 3 = __
11 – 5 = __
14 – 6 = __

c) 12 – 5 = __
13 – 4 = __
14 – 8 = __
18 – 9 = __

4 Rechne zuerst die Aufgaben ohne Zehnerübergang.

| 5 + 4 | 19 – 7 | 8 + 5 | 9 – 6 | 7 + 8 | 14 – 5 | 2 + 6 | 15 – 7 |

Aufgaben **ohne** Zehnerübergang

5 + 4 =

Aufgaben **mit** Zehnerübergang

5 Rechne weiter.

a) 5 + 2 = __
5 + 3 = __
__ + 4 = __
__ + __ = ____

b) 8 + 2 = ____
8 + 4 = ____
__ + 6 = ____
__ + __ = ____

c) 6 + 3 = __
7 + 4 = ____
8 + 5 = ____
__ + __ = ____

Wiederholung

6

a) 5 + 5 = ___
7 + 4 = ___
9 + 0 = ___
6 + 8 = ___

b) 11 − 4 = ___
14 − 0 = ___
15 − 8 = ___
17 − 8 = ___

c) 5 + __ = 11
7 + __ = 13
8 + __ = 15
9 + __ = 18

7 a)

+	3	5	8
6			
8			
9			

b)

−	5	7	9
18			
15			
13			

8 a)  4, 4, 3

b)  10, _, 6, _, 5

c)  _, 9, 2, _, 2

d)  18, _, 14, _, 3, _

e)  16, 8, _, _, 0, _

f)  20

9 Ergänze.

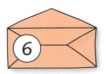 6   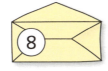 8   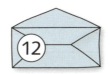 12   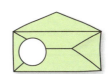 ○

10 − 4	5 + 3	___	___
___	___	6 + 6	___
___	___	___	8 + 7

Wiederholung

Schätzen und zählen

1 Wie viele könnten es sein? Schätze.

a) 20 ☐ 30 ☐ 50 ☐

b) 50 ☐ 60 ☐ 80 ☐

c) 40 ☐ 60 ☐ 80 ☐

2 Wie viele könnten es sein? Schätze zuerst. Zähle dann.

a)

geschätzt	gezählt

b)

geschätzt	gezählt

3 Schätze, wie viele Leckerlis in Jojos Napf liegen.

Geschätzt: ____

Begründe: _____

_____

_____

Der Zahlenraum bis 100

Hunderterfeld und Zehnerzahlen

1 Wie viele Punkte sind zu sehen, wie viele sind abgedeckt?

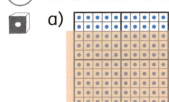

a) zu sehen: ____
abgedeckt: ____

b) zu sehen: ____
abgedeckt: ____

c) zu sehen: ____
abgedeckt: ____

d) zu sehen: ____
abgedeckt: ____

2 Verbinde Zahlwort und Zahl.

siebzig   dreißig   achtzig   fünfzig   neunzig   vierzig

30   20   70   50   100   80   40   10   90

3 Vergleiche. Setze <, > oder = ein.

a) 10 ◯ 100   b) 70 ◯ 30   c) 40 ◯ 60   d) 80 ◯ 80
   90 ◯ 0   20 ◯ 80   50 ◯ 50   40 ◯ 70

4 Ordne.

a) Beginne mit der kleinsten Zahl.

40   20   50   70   ~~10~~

_10_ < ____ < ____ < ____ < ____

b) Beginne mit der größten Zahl.

50   40   70   90   30

____ > ____ > ____ > ____ > ____

5 Setze fort.

a) 1, 3, ____, ____, ____
   10, 30, ____, ____, ____

b) 10, 8, 6, ____, ____, ____
   100, 80, 60, ____, ____, ____

6 Rechne. Die kleine Aufgabe kann dir helfen.

a) 3 + 5 = ____
   30 + 50 = ____

b) ____ − ____ = ____
   80 − 20 = ____

c) ____ + ____ = ____
   70 + 20 = ____

Der Zahlenraum bis 100   7

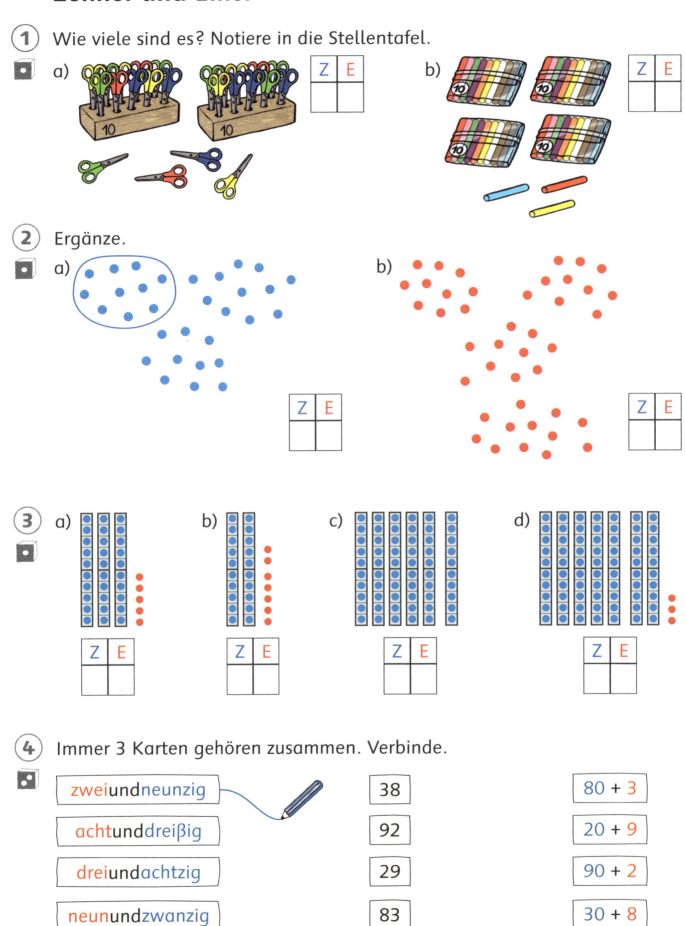

Zahlbilder

1 Was gehört zusammen? Verbinde.

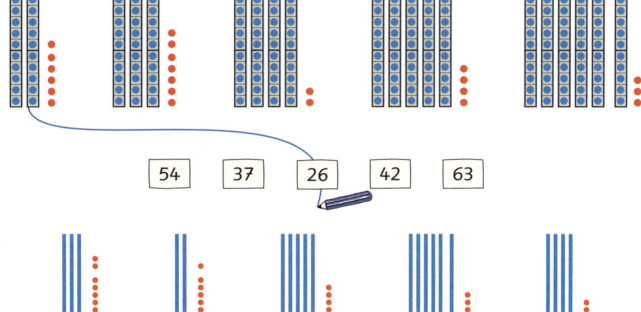

2 Ergänze.

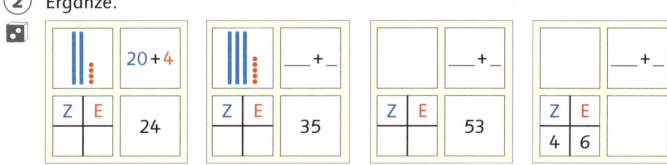

3 Notiere die Zahlen und vergleiche. Setze <, > oder = ein.

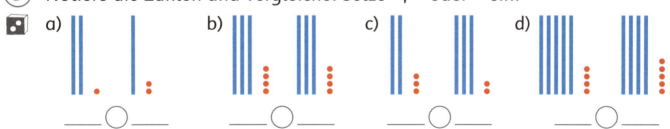

4 Löse die Aufgaben. Nutze die Zahlbilder.

Ich habe 5 Zehner und 4 Einer. Ich streiche 2 Einer weg.

Zahl: ____

Ich habe 6 Zehner und 5 Einer. Ich male 3 Einer dazu.

Zahl: ____

Der Zahlenraum bis 100

Die Hundertertafel

1 Trage die Zahlen ein.

1	2	3	4	5	6	7	8	9	10
11									
21									
31									
41									
51									
61									
71									
81									
91					96				100

a) die Zahlen in der roten Zeile

b) die Zahlen in der blauen Spalte

c) die Zahlen rechts von 51

d) die Zahlen links von 100

e) die Zahlen unter 5

f) die Zahlen über 96

g) die Zahlen in den gelben Feldern

2 Setze fort.

a) 11, 12, 13, ___, ___, ___, ___, ___, ___, ___

b) 7, 17, 27, ___, ___, ___, ___, ___, ___, ___

c) 80, 79, 78, ___, ___, ___, ___, ___, ___, ___

d) 59, 58, 57, ___, ___, ___, ___, ___, ___, ___

3 Ergänze die fehlenden Zahlen in den Ausschnitten aus der Hundertertafel.

a)
47		49
	58	
67		69

b)
21		23
41		43

c)
65		
	87	

d)
98		

4

a)
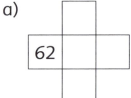

b)
| 5 | | |

c)
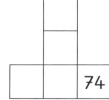

d)
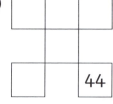

Der Zahlenraum bis 100

Der Zahlenstrahl

1 Wo ungefähr liegen die Zahlen 50, 25, 75, 1, 99? Trage ein.

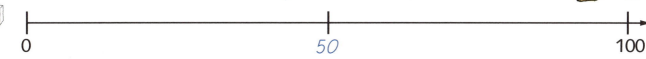

2 Trage ein.

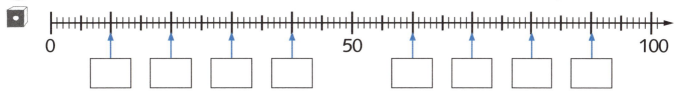

3 Schreibe zu den Buchstaben die Zahlen auf.

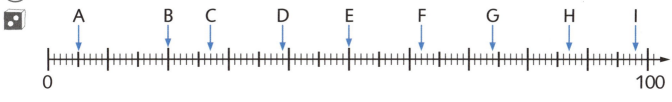

A: ____ B: ____ C: ____ D: ____ E: ____ F: ____ G: ____ H: ____ I: ____

4 a)

Vorgänger	Zahl	Nachfolger
24	25	
	43	

b)

Vorgänger	Zahl	Nachfolger
	61	
	87	

5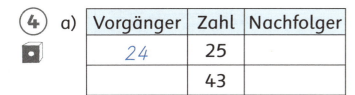

Nachbarzehner	Zahl	Nachbarzehner
20	25	
	43	
	61	
	87	
	54	
	36	

25 liegt zwischen 20 und 30.

Der Zahlenraum bis 100

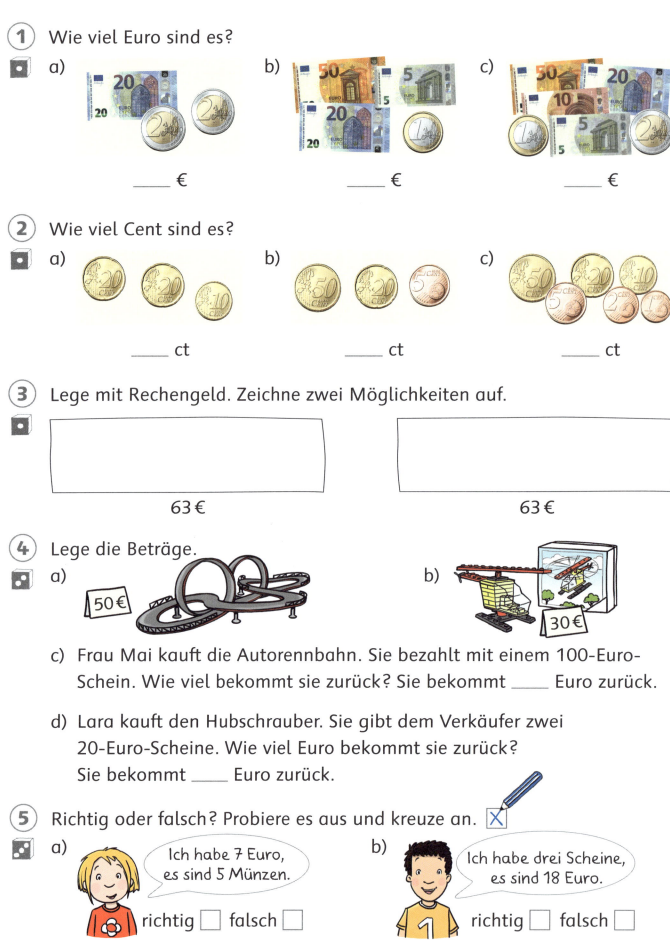

Wiederholung

1 Wie viele Punkte sind es? Schätze und zähle.

geschätzt: ____
gezählt: ____

2 Setze fort.

a) 2, 4, 6, ___, ___
20, 40, ___, ___, ___

b) 9, 7, ___, ___, ___
90, ___, ___, ___, ___

3 Wie viele Zehner? Wie viele Einer?

a)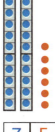

Z	E

b)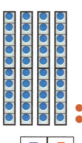

Z	E

c)

Z	E

d)

Z	E

4 Ergänze die fehlenden Zahlen in den Ausschnitten aus der Hundertertafel.

a)
24	25	26
	35	
	45	

b)
72		74
	83	
92		94

c)
57		
	68	
		79

d)
		43
61		

5 Trage ein.

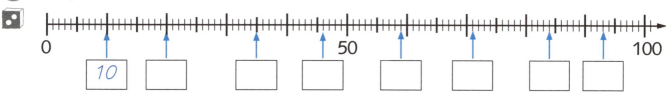

10

6 Wie viel Geld bekommen die Kinder zurück?

a)  Ich kaufe eine Tüte Milch und bezahle mit 50 ct.
_____

b) Ich kaufe eine Brezel und bezahle mit 1 €.
_____

Der Zahlenraum bis 10

Würfel, Quader, Zylinder und Kugel

1 Kreise die Körperformen farbig ein.
Würfel: blau   Quader: grün   Zylinder: gelb   Kugeln: rot

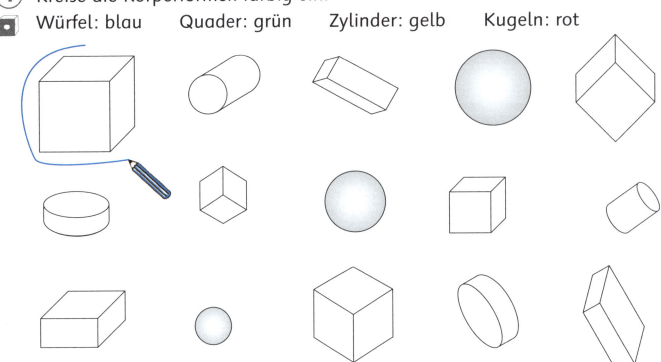

2 Welche 2 Teile können zu einem Würfel zusammengesetzt werden?
Kreise in derselben Farbe ein.

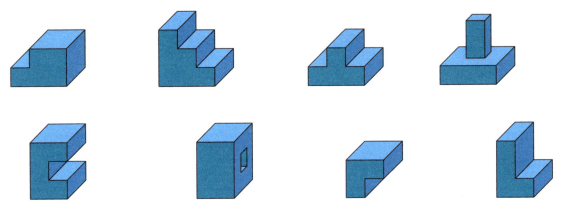

3 Fahre die Kanten entlang. Trage die Buchstaben ein.

a) HUND: von H nach hinten, nach rechts, nach oben

b) HUPE: von H nach hinten, nach oben, nach vorne

c) HAND: von H nach rechts, nach hinten, nach oben

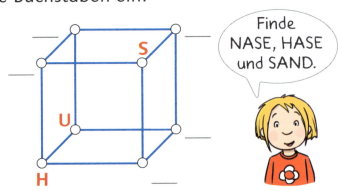

Finde NASE, HASE und SAND.

14 Geometrische Körper

Ansichten von Körpern

1 Betrachte die Körper.

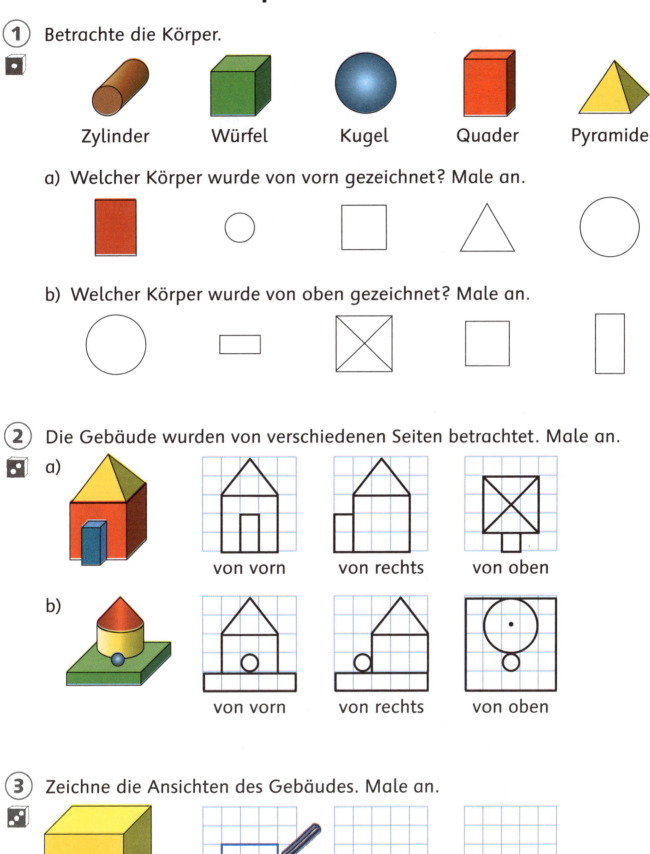

Zylinder   Würfel   Kugel   Quader   Pyramide

a) Welcher Körper wurde von vorn gezeichnet? Male an.

b) Welcher Körper wurde von oben gezeichnet? Male an.

2 Die Gebäude wurden von verschiedenen Seiten betrachtet. Male an.

a) von vorn   von rechts   von oben

b) von vorn   von rechts   von oben

3 Zeichne die Ansichten des Gebäudes. Male an.

von vorn   von rechts   von oben

Geometrische Körper

Würfelgebäude

1 Verbinde die Würfelgebäude mit den Bauplänen.

 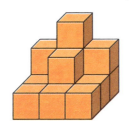 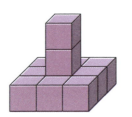 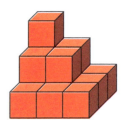

1	3
1	1

3	1
1	2

1	1	1
1	3	1
1	1	1

3	2	1
2	2	1
1	1	1

2	3	2
1	2	1
1	1	1

2 Ergänze die Baupläne zu den Würfelgebäuden.

a) 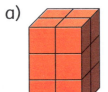   b) 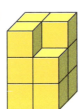   c) 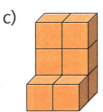   d) 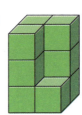   e)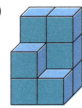

3	3

3 Ergänze die Baupläne.

a) 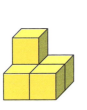   b) 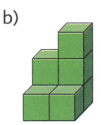   c) 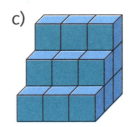   d) 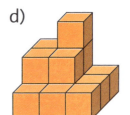   e)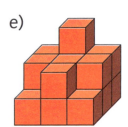

2	1

16 Geometrische Körper

Addieren und subtrahieren von Einern ohne Zehnerübergang (ZÜ)

1 Schreibe die Aufgaben zu den Zahlbildern.

a)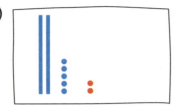
25 + 2 = ____

b)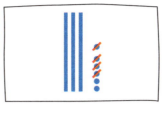
____ − ____ = ____

2 Male Zahlbilder und löse die Aufgaben.

a) 23 + 3 = ____

b) 53 + 3 = ____

c) 73 + 3 = ____

3
a) 4 + 1 = ____
14 + 1 = ____
24 + 1 = ____
34 + 1 = ____

b) 2 + 6 = ____
22 + 6 = ____
42 + 6 = ____
62 + 6 = ____

c) 5 − 3 = ____
15 − 3 = ____
25 − 3 = ____
35 − 3 = ____

d) 8 − 4 = ____
28 − 4 = ____
48 − 4 = ____
68 − 4 = ____

4 Kleine Aufgabe – große Aufgabe. Male und rechne.

65 + 3 = ____	7 + 2 = ____	54 + 3 = ____	5 + 3 = ____
5 − 2 = ____	47 − 3 = ____	7 − 3 = ____	25 − 2 = ____
36 − 4 = ____	4 + 3 = ____	47 + 2 = ____	6 − 4 = ____

5

a)
+	3	2	4
32			
45			
			68

b)
−		2	3
46			
57			
65			60

c)
+		5	
62	64		
74			78
		83	

Addieren und subtrahieren bis 100 (I)   17

Addieren von Einern mit Zehnerübergang (ZÜ)

1 Löse mit Zahlbildern.

a)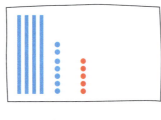

___ + ___ = ___

b)

39 + 4 = ___

2 Löse mit dem Rechenstrich.

a)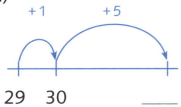

29 30 ___

29 + 6 = ___

b)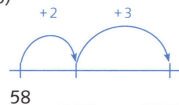

58 ___ ___

58 + 5 = ___

c)

___ ___ ___

46 + 7 = ___

3 Notiere deine Rechenschritte.

a) 38 + 4 = ___
38 + 2 = ___
40 + 2 = ___

b) 45 + 7 = ___
_____
_____

c) 66 + 5 = ___
_____
_____

4 a) 8 + 3 = ___   b) 17 + 5 = ___   c) 26 + 9 = ___   d) 54 + 7 = ___
29 + 2 = ___   38 + 7 = ___   64 + 7 = ___   73 + 8 = ___
48 + 4 = ___   59 + 6 = ___   77 + 8 = ___   86 + 6 = ___

5 Rechne und male.
Ergänze eigene Aufgaben.

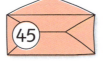 45   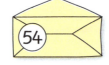 54   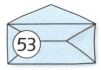 53

39 + 6 = ___	___ + ___ = ___	49 + 5 = ___	36 + 9 = ___
___ + ___ = ___	44 + 9 = ___	7 + 46 = ___	48 + 5 = ___
8 + 37 = ___	46 + 8 = ___	47 + 7 = ___	___ + ___ = ___

18 Addieren und subtrahieren bis 100 (I)

Subtrahieren von Einern mit Zehnerübergang (ZÜ)

1 Löse mit Zahlbildern.

a)

____ − ____ = ____

b)

43 − 7 = ____

2 Löse mit dem Rechenstrich.

a)

51 − 6 = ____

b)

34 − 7 = ____

c)

73 − 8 = ____

3 Notiere deine Rechenschritte.

a) 23 − 4 = ____
23 − 3 = ____
20 − 1 = ____

b) 42 − 5 = ____
_____
_____

c) 65 − 7 = ____
_____
_____

4 a) 12 − 4 = ____
22 − 4 = ____
42 − 4 = ____

b) 16 − 7 = ____
36 − 7 = ____
56 − 7 = ____

c) 11 − 8 = ____
41 − 8 = ____
71 − 8 = ____

d) 18 − 9 = ____
58 − 9 = ____
98 − 9 = ____

5 Rechne zuerst die Aufgaben ohne Zehnerübergang.

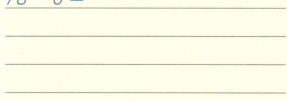

Aufgaben **ohne** Zehnerübergang	Aufgaben **mit** Zehnerübergang
78 − 6 =	

Addieren und subtrahieren bis 100 (I)

Sachrechnen mit Geld

① Welche Fragen kannst du beantworten?
Kreuze an und löse diese Aufgaben.

☐ Wie teuer sind Buch und Auto zusammen? _____
☐ Reichen 20 €? _____
☐ Wie viel kosten Ball und Auto zusammen? _____
☐ Was kauft Ali? _____
☐ Wie viel kosten 3 CDs? _____

② Welche Fragen kannst du beantworten?
Kreuze an und löse diese Aufgaben.

Lara hat 20 Euro.
Sie kauft:

☐ Reicht das Geld? _____
☐ Wie viel Geld bekommt Lara zurück?
_____
☐ Was kostet das Puzzle? _____

③ Finde eine eigene Frage und beantworte sie.

Simon kauft:

Frage: _____
_____
Antwort: _____
_____

20 Addieren und subtrahieren bis 100 (I)

Wiederholung

1 a)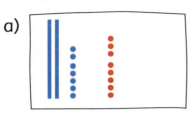

___ + ___ = ___

b)

_____
        44

44 − 8 = ___

c) 35 + 6 = ___

35 +
_____
_____

2

a) 23 + 4 = ___
52 + 8 = ___
59 + 5 = ___
6 + 46 = ___

b) 26 − 5 = ___
53 − 3 = ___
42 − 6 = ___
61 − 4 = ___

c) 32 − 4 = ___
53 + 9 = ___
64 − 9 = ___
6 + 45 = ___

 21, 27, 28, 36, 50, 51, 52, 55, 57, 60, 62, 64

3 Rechne zuerst die Aufgaben ohne Zehnerübergang.

| 51 + 8 | 28 + 4 | 43 + 7 | 34 + 5 | 26 + 9 |
| 45 − 8 | 36 − 4 | 34 − 6 | 22 − 7 | 55 − 5 |

Aufgaben **ohne** Zehnerübergang	Aufgaben **mit** Zehnerübergang

4 Welche Fragen kannst du beantworten?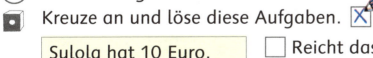
Kreuze an und löse diese Aufgaben. ☒

Sulola hat 10 Euro.
Sie kauft: 3€, 4€

☐ Reicht das Geld? _____
☐ Was kostet ein Buch? _____
_____
☐ Wie viel Geld muss Sulola bezahlen?
_____

Addieren und subtrahieren bis 100 (I)

Längen vergleichen und ordnen

1 Ordne nach der Länge.
Beginne mit dem kürzesten Gegenstand.

A Füller B Radiergummi
C Stecknadel D Schal
E Regenschirm F Bleistift

_____
_____

2 Ordne die Tiere nach ihrer wirklichen Länge.
Beginne mit dem längsten Tier.

Aal   Delfin   Goldfisch
Blauwal   Hecht

_____
_____

3 Immer zwei Streifen sind gleich lang.
Schätze zuerst, kontrolliere dann mit einer Schnur.
Male sie in der gleichen Farbe an.

22 Längen

Meter und Zentimeter

1 Wie lang sind die Dinge in Wirklichkeit ungefähr? Verbinde.

2 m   4 m   1 m   12 m

2 Miss die Länge der Nägel. Ordne.

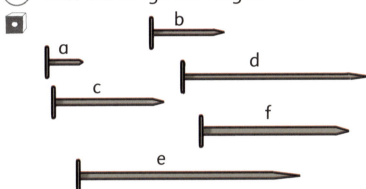

kürzester Nagel a = ____ cm

___ = ____ cm

___ = ____ cm

___ = ____ cm

___ = ____ cm

längster Nagel ___ = ____ cm

3 Zeichne Strecken mit dem Lineal.

a) $\overline{AB}$ = 8 cm

b) $\overline{CD}$ = 4 cm

c) $\overline{EF}$ = 9 cm

d) $\overline{GH}$ = 7 cm

4 Ergänze zu einem Meter.

a) 50 cm + ____ cm = 1 m
35 cm + ____ cm = 1 m
72 cm + ____ cm = 1 m

b) 45 cm + 15 cm + ____ cm = 1 m
23 cm + 17 cm + ____ cm = 1 m
30 cm + 25 cm + ____ cm = 1 m

Längen

Addieren und subtrahieren von zweistelligen Zahlen ohne ZÜ

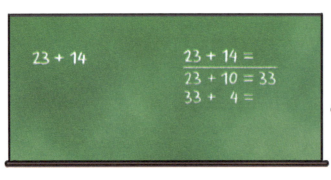

Wie löst du die Aufgaben?

a) 14 + 13

b) 36 + 22

c) 45 + 14

② a) 17 + 11 = ___ b) 22 + 22 = ___ c) 42 + 25 = ___
   16 + 12 = ___   32 + 14 = ___   64 + 32 = ___
   15 + 13 = ___   37 + 22 = ___   55 + 44 = ___
   14 + 14 = ___   43 + 25 = ___   73 + 24 = ___

③ Wie löst du die Aufgaben?

a) 26 − 13

b) 47 − 15

c) 35 − 12

④ a) 56 − 40 = ___ b) 57 − 26 = ___ c) 77 − 75 = ___
   45 − 31 = ___   68 − 35 = ___   89 − 64 = ___
   34 − 22 = ___   49 − 25 = ___   97 − 75 = ___
   23 − 13 = ___   38 − 36 = ___   100 − 15 = ___

24   Addieren und subtrahieren bis 100 (II)

Addieren von zweistelligen Zahlen mit ZÜ

1 Welche Aufgabe gehört zu welchem Bild? Verbinde und rechne.

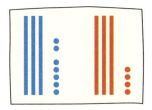

64 + 27 = ____

45 + 36 = ____

37 + 34 = ____

55 + 18 = ____

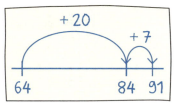
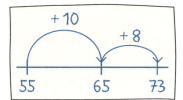

2 Wie löst du die Aufgaben?

a) 16 + 25

b) 28 + 13

c) 36 + 26

3
a) 17 + 13 = ____
   17 + 14 = ____
   17 + 15 = ____

b) 37 + 14 = ____
   37 + 24 = ____
   37 + 34 = ____

c) 28 + 45 = ____
   38 + 35 = ____
   48 + 25 = ____

4 Ergänze die Rechenstriche. Löse die Plusaufgaben.

a) + 10, + __
17 ____ ____
17 + 16 = ____

b) + __, + __
46 ____ ____
46 + 35 = ____

c) + __, + __
____ ____ ____
67 + 29 = ____

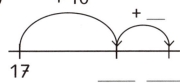
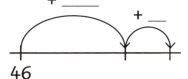
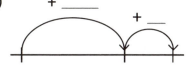

5

a) 19 + 12 = ____
   39 + 23 = ____
   48 + 34 = ____

b) 17 + 15 = ____
   35 + 26 = ____
   25 + 47 = ____

c) 56 + 25 = ____
   44 + 49 = ____
   72 + 28 = ____

 : 31, 32, 61, 62, 72, 81, 82, 93, 100

Addieren und subtrahieren bis 100 (II)

Subtrahieren von zweistelligen Zahlen mit ZÜ

1 Welche Aufgabe gehört zu welchem Bild? Verbinde und rechne.

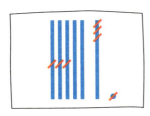

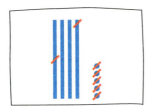

100 − 53 = ____

45 − 16 = ____

61 − 34 = ____

71 − 48 = ____

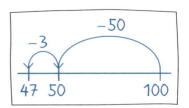

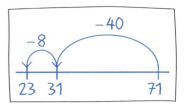

2 Wie löst du die Aufgaben?

a) 32 − 13

b) 43 − 25

c) 54 − 36

3 Ergänze die Rechenstriche. Löse die Minusaufgaben.

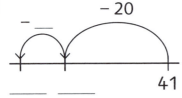

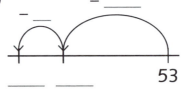

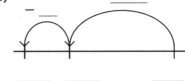

41 − 22 = ____   53 − 36 = ____   75 − 57 = ____

4 a)

−	12	13	14
21			
42			

b)

−	14	24	34
43			
53			

5

a) 23 − 14 = ____
44 − 26 = ____
52 − 35 = ____

b) 35 − 16 = ____
43 − 27 = ____
64 − 36 = ____

c) 63 − 26 = ____
86 − 48 = ____
92 − 67 = ____

 9, 16, 17, 18, 19, 25, 28, 37, 38

26 Addieren und subtrahieren bis 100 (II)

Übungen zum Addieren und Subtrahieren (I)

①
a) 29 + 20 = ____
27 + 12 = ____
34 + 25 = ____
46 + 33 = ____

b) 45 + 17 = ____
56 + 36 = ____
64 + 18 = ____
77 + 16 = ____

c) 15 + 46 = ____
37 + 35 = ____
56 + 27 = ____
65 + 29 = ____

39, 49, 59, 61, 62, 72, 79, 82, 83, 92, 93, 94

②
a) 45 − 20 = ____
53 − 43 = ____
50 − 27 = ____
47 − 36 = ____

b) 33 − 14 = ____
35 − 26 = ____
55 − 17 = ____
63 − 34 = ____

c) 32 − 28 = ____
57 − 39 = ____
63 − 47 = ____
84 − 56 = ____

4, 9, 10, 11, 16, 18, 19, 23, 25, 28, 29, 38

③ Bei Aufgaben mit 9, 19, 29, … nutze ich den nächsten Zehner.

a) 25 + 19 = ____
36 + 39 = ____
58 + 39 = ____

b) 34 − 19 = ____
67 − 39 = ____
75 − 58 = ____

④
a) 17 − 15 = ____
32 − 29 = ____
52 − 49 = ____

b) 61 − 58 = ____
73 − 65 = ____
82 − 77 = ____

Wenn bei Minusaufgaben die Zahlen nahe beieinander sind, nutze ich das Ergänzen.

⑤ Rechne und male. Ergänze eigene Aufgaben.

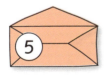 5    24   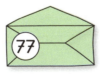 77   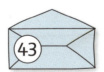 43

45 − 40			12 + 12	99 − 22
100 − 57	92 − 87		53 + 24	81 − 57
61 − 56	17 + 26		100 − 76	33 + 44

Addieren und subtrahieren bis 100 (II)

Übungen zum Addieren und Subtrahieren (II)

1 Rechne und setze fort.

a) 24 + 2 = ___
   24 + 12 = ___
   24 + 22 = ___
   ___ + ___ = ___
   ___ + ___ = ___

b) 60 − 5 = ___
   60 − 10 = ___
   ___ − 15 = 45
   ___ − ___ = ___
   ___ − ___ = ___

c) 30 − 17 = ___
   34 − 21 = ___
   38 − ___ = 13
   ___ − ___ = ___
   ___ − ___ = ___

2 Rechne zuerst die Aufgaben ohne Zehnerübergang.

33 + 14   44 + 27   52 + 46   47 + 45   75 + 18

25 − 12   52 − 36   74 − 57   56 − 34   85 − 43

Aufgaben **ohne** Zehnerübergang	Aufgaben **mit** Zehnerübergang
33 + 14 =	

3  Vorsicht, 4 Fehler!

a) 23 + 25 = ~~38~~ _48_
   18 + 34 = 52 ___
   35 + 49 = 84 ___
   56 + 37 = 92 ___

b) 41 − 13 = 28 ___
   35 − 27 = 8 ___
   53 − 36 = 29 ___
   87 − 49 = 36 ___

4 Vergleiche. Setze <, > oder = ein.

a) 46 + 24 ○ 73
   63 + 27 ○ 80
   53 + 38 ○ 91
   25 + 65 ○ 90

b) 63 − 19 ○ 43
   74 − 37 ○ 37
   92 − 66 ○ 30
   88 − 49 ○ 40

c) 35 + 44 ○ 99 − 20
   95 − 88 ○ 26 − 20
   83 + 17 ○ 43 + 57
   76 − 59 ○ 79 − 56

28 **Addieren und subtrahieren bis 100 (II)**

Sachrechnen: Rechnungen Aufgaben zuordnen

Finde zu jeder Rechengeschichte die passende Rechenkarte.
Verbinde und rechne.

Nils hat 15 € und kauft Bücher.
Welche zwei Bücher kann er kaufen?
_____

Was kosten die beiden Bücher zusammen?
_____

8 € – 6 € = ____

11 € + 6 € = ____

8 € + 6 € = ____

8 € + 11 € = ____

Lisa fährt mit ihren
Eltern mit der Bergbahn.
Eine Erwachsenenkarte
kostet 14 €. Kinder
bezahlen 6 € weniger.
Wie viel muss die
Familie bezahlen?
_____
_____

14 € + 6 € = ____

14 € + 14 € – 6 € = ____

14 € + 8 € = ____

14 € + 14 € + 8 € = ____

Anne ist 8 Jahre alt.
Ihr Bruder ist 4 Jahre älter.
Ihre Schwester ist 6 Jahre jünger.
Wie alt sind die drei Kinder
zusammen?

8 + 4 + 6 = ____

8 + 4 – 6 = ____

8 + 12 + 2 = ____

8 + 4 + 8 – 6 = ____

_____

Addieren und subtrahieren bis 100 (II)

Wiederholung

1 a) 16 + 12 = ___ b) 18 + 13 = ___ c) 24 + 68 = ___
33 + 24 = ___ 29 + 24 = ___ 58 + 37 = ___
55 + 30 = ___ 45 + 36 = ___ 74 + 19 = ___

 : 28, 31, 53, 57, 81, 85, 92, 93, 95

2 a) 43 − 20 = ___ b) 32 − 13 = ___ c) 64 − 37 = ___
37 − 23 = ___ 43 − 25 = ___ 78 − 69 = ___
50 − 35 = ___ 65 − 57 = ___ 96 − 48 = ___

 : 8, 9, 14, 15, 18, 19, 23, 27, 48

3 a)

+	11	24	35	48
38				
46				

b)

−	22	35	46	
62				0
75				

4  Vorsicht, 4 Fehler!

a) 42 + 20 = ~~44~~ 62   b) 37 − 23 = 14 ___
35 + 23 = 58 ___   55 − 36 = 19 ___
48 + 47 = 95 ___   63 − 17 = 80 ___
54 + 46 = 90 ___   76 − 38 = 42 ___

5 Vergleiche. Setze <, > oder = ein.
a) 46 + 24 ○ 60   b) 52 − 27 ○ 25   c) 35 + 45 ○ 93 − 27
57 + 37 ○ 100   83 − 56 ○ 30   93 − 56 ○ 83 − 47

6 Welche Rechenkarte passt?
Verbinde und rechne.
Max ist 13 Jahre alt.
Seine Schwester ist doppelt so alt.
Wie alt ist seine Schwester?

_____

13 + 2 = ___

13 + 26 = ___

13 + 13 = ___

30 Addieren und subtrahieren bis 100 (II)

Quadrat, Rechteck, Dreieck und Kreis

1 Welche Form haben die Schilder? Verbinde.

Quadrat   Rechteck   Dreieck   Kreis

2 Male an: Quadrate blau, Rechtecke rot, Dreiecke grün, Kreise gelb.

3 Welche Flächen können es sein?

a) ... hat 3 Seiten.
- Quadrat ☐
- Rechteck ☐
- Dreieck ☐
- Kreis ☐

b) ... hat keine Ecken.
- Quadrat ☐
- Rechteck ☐
- Dreieck ☐
- Kreis ☐

c) 4 Seiten sind gleich lang.
- Quadrat ☐
- Rechteck ☐
- Dreieck ☐
- Kreis ☐

Ebene Figuren und Muster

Muster und Ornamente

1 Setze die Linien zu einem Muster fort. Zeichne frei Hand.

a)

b)

2 Setze die Formen zu einem Muster fort. Zeichne frei Hand.

a)

b)

c)

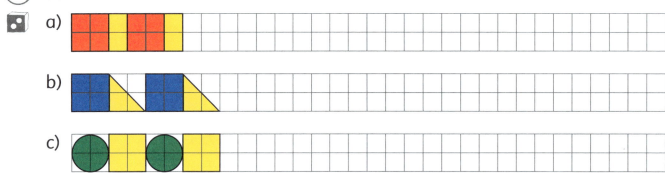

3 Erfinde eigene Muster. Zeichne frei Hand.

a)

b)

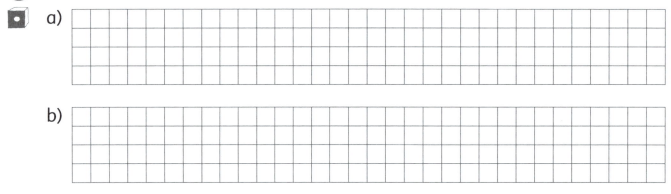

4 Setze die Ornamente nach rechts und nach unten fort. Zeichne frei Hand.

a)   b)

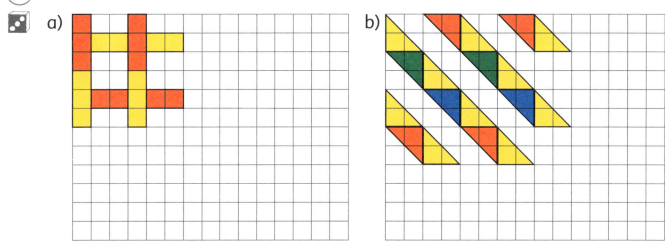

Ebene Figuren und Muster

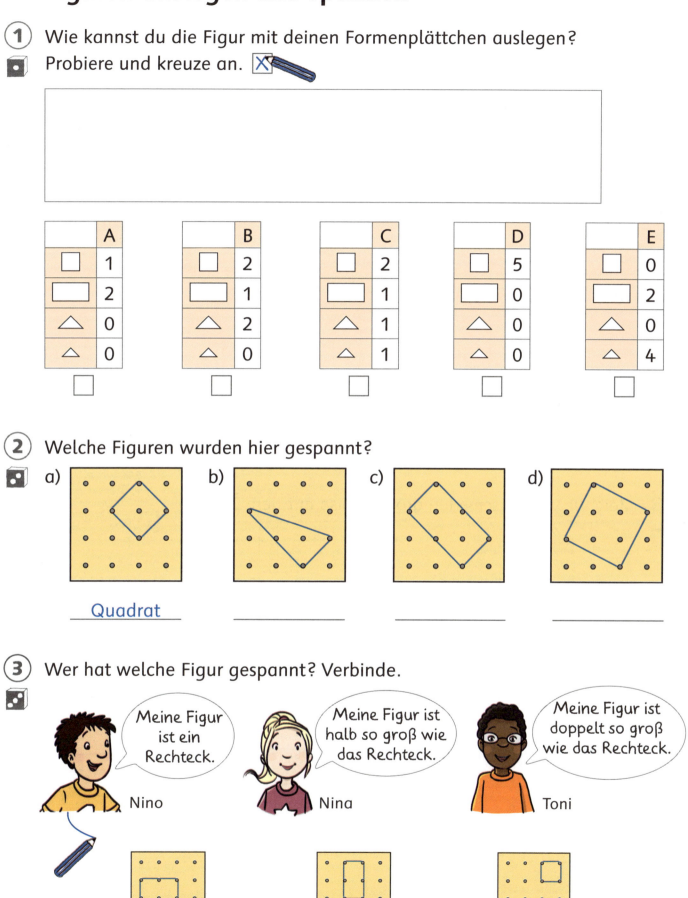

Flächen zeichnen

1 Verbinde die Punkte mit dem Lineal und ergänze zu Quadraten.

a) 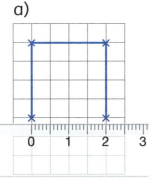 b) 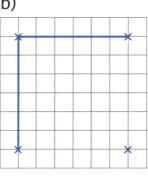 c) 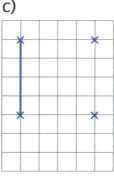 d)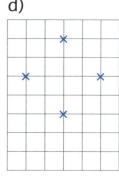

2 Verbinde die Punkte mit dem Lineal und ergänze zu Rechtecken.

a) 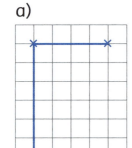 b) 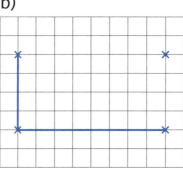 c) 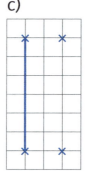 d)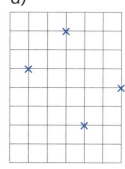

3 Zeichne vier verschieden große Kreise mit dem Zirkel.

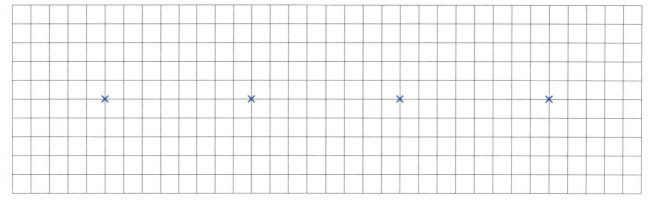

4 Übertrage die Bilder in die großen Karos.

a) 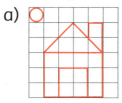 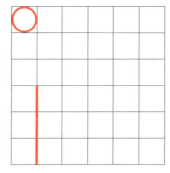 b)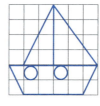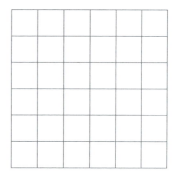

34 Ebene Figuren und Muster

Vom Addieren zum Multiplizieren

1 Welche Aufgaben passen zu den Bildern? Verbinde.

a)  b)  c)

| 4 · 2 | 4 + 4 | 3 + 3 | 2 · 4 | 2 + 2 + 2 + 2 | 2 · 3 |

2 Rechne zu jedem Bild die Plusaufgabe und die Malaufgabe.

a)  b)  c)

6 + 6 = ___   4 + 4 + 4 = ___   __ + __ + __ + __ + __ = ___

2 · 6 = ___   __ · __ = ___   __ · __ = ___

3 Schreibe die Plusaufgaben und die Malaufgaben. Löse sie.

a)   b) 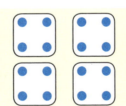 c)

_____   _____   _____

_____   _____   _____

4 Immer eine Plusaufgabe und eine Malaufgabe gehören zusammen.
Male und rechne.

2 · 3 = ___	7 + 7 + 7 = ___	4 · 6 = ___	4 + 4 + 4 = ___
3 · 2 = ___	3 · 5 = ___	5 + 5 + 5 = ___	2 + 2 + 2 = ___
3 · 4 = ___	6 + 6 + 6 + 6 = ___	3 · 7 = ___	3 + 3 = ___

Multiplizieren und dividieren

Malaufgaben und Tauschaufgaben

1 Schreibe die Plusaufgaben und die Malaufgaben. Löse sie.

a)    b) 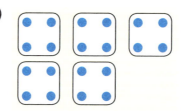   c)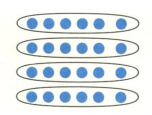

_____   _____   _____

_____   _____   _____

2 Male eigene Bilder und rechne.

a)    b)    c)

3 · 4 = ____   4 · 5 = ____   3 · 6 = ____

3 Kreise ein. Rechne Aufgabe und Tauschaufgabe.

a)      b)

2 · 4 = ____   4 · 2 = ____   2 · _____   _____

c)    d)

_____   _____   _____   _____

4 Schreibe und rechne Aufgabe und Tauschaufgabe.

a) (Bild Punkte)   b)   c)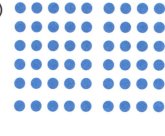

2 · 6 = _____

6 · 2 = _____

_____

_____

_____

_____

36 Multiplizieren und dividieren

Dividieren

1 Verteile gerecht und verbinde. Rechne die Geteiltaufgabe.

a)

10 : 2 = _____

b)

_____

2 Kreise ein und rechne die Geteiltaufgabe.

a)

_____ 14 : 2 = _____

b)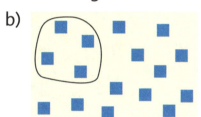

_____

c)

_____

3 Male und teile auf.

a) 8 : 2

b) 6 : 3

c) 12 : 6

8 : 2 = _____

_____

_____

4 Verteile 12 Plättchen gerecht. Male. Löse die Aufgaben.

a)

12 : 2 = ____

b)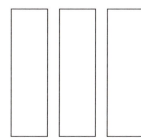

12 : 3 = ____

c)

12 : 4 = ____

Multiplizieren und dividieren 37

Umkehraufgaben und Aufgabenfamilien

1 Löse jeweils die Aufgabe.
Überprüfe mit der Umkehraufgabe.

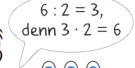

a)

8 : 2 = ____
____ · 2 = ____

b)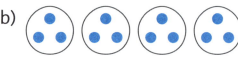

12 : 3 = ____
____ · 3 = ____

2 Kreise ein. Rechne Aufgabe und Umkehraufgabe.

a)

10 : 2 = ____
5 · 2 = ____

b)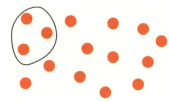

15 : ____ = ____
____ · ____ = ____

c)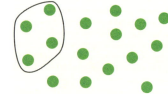

_____
_____

3 Bilde die Aufgabenfamilien und rechne.

a)

6 · ____ = ____
3 · ____ = ____
18 : ____ = ____
18 : ____ = ____

b)

____ · ____ = ____
____ · ____ = ____
____ : ____ = ____
____ : ____ = ____

4 3 Zahlen, 4 Aufgaben.
Bilde die Aufgabenfamilien und rechne.

a)
2   14
  7

2 · 7 = ____
7 · 2 = ____
14 : 7 = ____
14 : 2 = ____

b)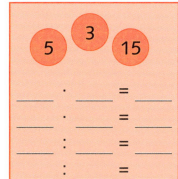

____ · ____ = ____
____ · ____ = ____
____ : ____ = ____
____ : ____ = ____

c)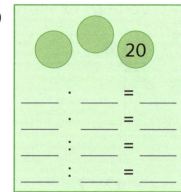

____ · ____ = ____
____ · ____ = ____
____ : ____ = ____
____ : ____ = ____

Multiplizieren und dividieren

Daten, Häufigkeit und Wahrscheinlichkeit

1 Welche Aussage passt in welchen Umschlag? Male passend an.

unmöglich • möglich • sicher

- Ina würfelt eine Zahl kleiner als 7.
- Nina würfelt eine Zahl kleiner als 1.
- Andi würfelt eine 5.
- Lara würfelt eine ungerade Zahl.
- Simon würfelt eine Zahl größer als 0.
- Lisa würfelt eine 0.

2 Ali zieht eine Perle. Welche Aussagen stimmen?

- Es ist sicher, dass Ali eine rote Kugel zieht. ☐
- Es ist unmöglich, eine gelbe Kugel zu ziehen. ☐
- Es ist möglich, eine blaue Kugel zu ziehen. ☐
- Es ist sicher, dass Ali blau oder rot zieht. ☐
- Es ist unmöglich, eine blaue Kugel zu ziehen. ☐
- Es ist möglich, eine grüne Kugel zu ziehen. ☐

3 Wer eine rote Kugel zieht, gewinnt. Du darfst nur einmal ziehen. Welches Glas wählst du?

a) ☐ ☐   b) ☐ ☐

4 Wie könnten die Gläser zu den Strichlisten aussehen? Male die Kugeln passend an.

a) rot: |||| |||| ||
   blau: |||| |

b) rot: ||||
   blau: |||| |||| ||||

Multiplizieren und dividieren

Sachrechnen: Skizzen als Lösungshilfen

1 Lara bastelt Postkarten. Sie hat 12 Bilder und klebt immer 3 davon auf eine Karte. Wie viele Karten kann sie bekleben? Welche Skizzen passen? Kreuze an und löse die Aufgabe.

A ☐   B ☐   C ☐

Lara kann ____ Karten bekleben.

2 Nina bastelt eine Karte. Sie klebt 21 Plättchen auf. In der ersten Reihe sind 6, ab der zweiten Reihe immer 1 weniger. Wie viele Reihen kann sie kleben? Löse mit einer Skizze.

Nina kann ____ Reihen kleben.

3 Simons Vater baut einen 10 m langen Zaun. Alle 2 Meter setzt er einen Pfosten. Wie viele Pfosten braucht er? Welche Skizzen passen? Kreuze an und löse die Aufgabe.

A ☐   B ☐   C ☐

Simons Vater braucht ____ Pfosten.

4 Ali pflanzt 5 Sträucher im Abstand von je 3 Metern. Wie lang wird die Hecke? Löse mit einer Skizze.

Die Hecke wird ____ Meter lang.

Multiplizieren und dividieren

Wiederholung

1 Schreibe die Plusaufgaben und die Malaufgaben. Löse sie.

 a)    b)    c)

_____   _____   _____
_____   _____   _____

2 Male eigene Bilder und rechne.

 a)    b)    c)

3 · 5 = ___   2 · 6 = ___   3 · 4 = ___

3 Kreise ein und rechne die Geteiltaufgabe.

 a) 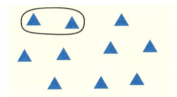   b)    c)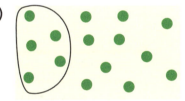

10 : 2 = ___   _____   _____

4 Male die Kugeln passend an.

 a) Es ist möglich,    b) Es ist unmöglich,
dass rot gewinnt.   dass blau verliert.

5 Nino hat 25 Tulpenzwiebeln.
Er steckt immer 5 zusammen
in eine Blumenschale.
Wie viele Schalen kann er bepflanzen?
Löse mit einer Skizze.

Nino kann ___ Schalen bepflanzen.

Multiplizieren und dividieren

Monate, Wochen und Tage

1 Ergänze zu jedem Monat die Karte.

1. Monat im Jahr	2. Monat im Jahr	3. Monat im Jahr
Januar	_____	_____
31 Tage	_____ Tage	_____

4. Monat im Jahr	5. Monat im Jahr	6. Monat im Jahr
_____	_____	_____
_____	_____	_____

7. Monat im Jahr	8. Monat im Jahr	9. Monat im Jahr
_____	_____	_____
_____	_____	_____

10. Monat im Jahr	11. Monat im Jahr	12. Monat im Jahr
_____	_____	_____
_____	_____	_____

2 Richtig oder falsch? Kreuze die falschen Sätze an und berichtige.

a) Eine Woche hat 8 Tage. ☐ _____

b) Mittwoch liegt zwischen Dienstag und Donnerstag. ☐ _____

c) Jeder Monat hat genau 4 Wochen. ☐ _____

d) 3 Wochen haben 21 Tage. ☐ _____

3 Heute ist Montag. Welcher Tag ist übermorgen in zwei Wochen?

_____

Kalender

Kalender und Datum

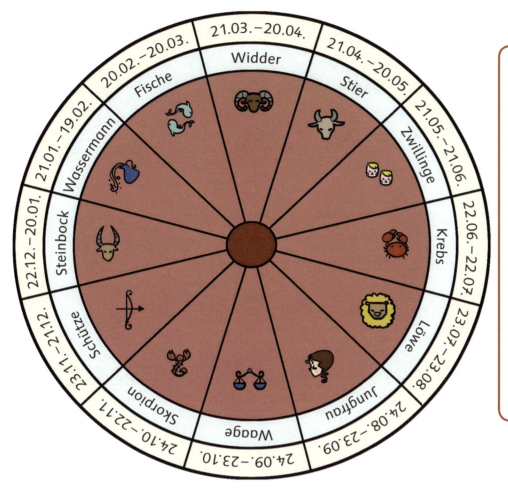

Info

Bestimmt hast du schon von Sternzeichen oder Tierkreiszeichen gehört. Das Jahr der Tierkreiszeichen beginnt mit dem Frühlingsanfang. Es ist in 12 etwa gleich lange Abschnitte eingeteilt und fängt mit dem Tierkreiszeichen Widder an. Ist eine Person zum Beispiel am 1. Mai geboren, so gehört sie zum Tierkreiszeichen „Stier".

1 Dein Geburtstag: _____ Tierkreiszeichen: _____

2 Wähle Kinder deiner Klasse oder Geschwister aus und trage ein.

Name	Geburtstag	Tierkreiszeichen
_____	_____	_____
_____	_____	_____
_____	_____	_____

3 Wähle dir aus einem Monat 2 Tage mit Unterricht und 2 Tage ohne Unterricht aus. Notiere das jeweilige Datum.

_____, den _____ 20____
_____, den _____ 20____
_____, den _____ 20____
_____, den _____ 20____

Kalender 43

Einmaleins mit 10, 5 und 2

1 Schreibe zu jedem Bild eine Plusaufgabe und eine Malaufgabe. Löse sie.

a) 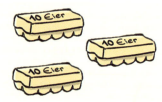 b)  c)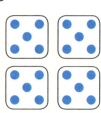

_____   _____   _____

_____   _____   _____

2 Schreibe zu jedem Bild eine Malaufgabe und löse sie.

a) 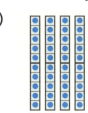 b) 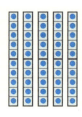 c) 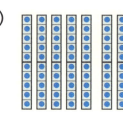 d)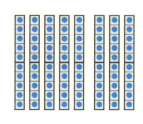

4 · 10 = _____   _____   _____   _____

3 Male das Bild fertig, damit es zur Aufgabe passt. Löse die Aufgabe.

3 · 5

3 · 5 = _____

4
a) 2 · 10 = ____   b) 2 · 5 = ____   c) 3 · 2 = ____   d) 3 · 5 = ____
   4 · 10 = ____   4 · 5 = ____   6 · 2 = ____   6 · 5 = ____
   8 · 10 = ____   8 · 5 = ____   9 · 2 = ____   9 · 5 = ____

5 Wie oft?

a) 30 = __ · 10   b) 15 = __ · 5   c) 8 = __ · 2   d) 40 = __ · 10
   60 = __ · 10   30 = __ · 5   16 = __ · 2   40 = __ · 5

6 Färbe die Zahlen, die zur 2er-Reihe gehören.

(2) (6) (8) (10) (13) (15) (18)

(4) (7) (9) (12) (14) (16) (20)

44 Das Einmaleins (I)

7 Ich verdopple.

a) 1 · 10 = ___   b) 1 · 5 = ___   c) 1 · 2 = ___
   2 · 10 = ___   2 · 5 = ___   2 · 2 = ___

8  Ich halbiere.

a) 2 · 10 = ___   b) 2 · 5 = ___   c) 2 · 2 = ___
   1 · 10 = ___   1 · 5 = ___   1 · 2 = ___

9  2-mal ist das Doppelte von 1-mal. 5-mal ist die Hälfte von 10-mal.

a) 1 · 5 = ___   b) 10 · 5 = ___
   2 · 5 = ___   5 · 5 = ___

10 a) 1 · 1 = ___   b) 1 · 2 = ___   c) 1 · 10 = ___   d) 1 · 5 = ___
       2 · 1 = ___   2 · 2 = ___   2 · 10 = ___   2 · 5 = ___
      10 · 1 = ___   10 · 2 = ___   10 · 10 = ___   10 · 5 = ___
       5 · 1 = ___   5 · 2 = ___   5 · 10 = ___   5 · 5 = ___

11 a)

·	2	10	5
1			
2			

b)

·	2	10	5
10			
5			

c)

·	10		
10		50	
5			10

12 Was fällt dir auf?

a) 3 · 10 = ___   b) 3 · 5 = ___   c) 6 · 2 = ___   d) 10 · 5 = ___
   6 · 10 = ___   6 · 5 = ___   3 · 2 = ___   5 · 5 = ___

Mir fällt auf, _____

_____

13 Wie oft?

a) 4 = ___ · 2   b) 80 = ___ · 10   c) 10 = ___ · 5   d) 50 = ___ · 5
   8 = ___ · 2   40 = ___ · 10   20 = ___ · 5   30 = ___ · 5
  16 = ___ · 2   20 = ___ · 10   40 = ___ · 5   5 = ___ · 5

Das Einmaleins (I)

Schlüsselaufgaben

①

② Löse die Schlüsselaufgaben.

a) 1·10 = ___   2·10 = ___   10·10 = ___   5·10 = ___

b) 1·2 = ___   2·2 = ___   10·2 = ___   5·2 = ___

③ a) 2·10 = ___   b) 2·5 = ___   c) 2·2 = ___
    4·10 = ___   4·5 = ___   4·2 = ___

④ Nutze die Schlüsselaufgaben.

a) ⌐3·5⌐   b) ⌐3·2⌐   c) ⌐6·2⌐   d) ⌐6·5⌐

2·5 = _10_   2·2 = ___   5·2 = ___   5·5 = ___
1·5 = ___   1·2 = ___   1·2 = ___   1·5 = ___
_3_ · __ = ___   ___ · __ = ___   ___ · __ = ___   ___ · __ = ___

⑤ Nutze die Schlüsselaufgaben.

a) 3·10 = ___   b) 6·10 = ___   c) 9·5 = ___   d) 9·2 = ___

⑥ Schreibe zur 2er-Reihe alle Aufgaben mit Lösungen auf.

1·2 = 2   2·2 = ___   ___   ___

___   ___   ___   ___

⑦ a) 3·10 = ___   b) 6·2 = ___   c) 4·5 = ___   d) 9·5 = ___
   3·2 = ___   6·5 = ___   4·2 = ___   9·10 = ___

Das Einmaleins (I)

Einmaleins mit 4 und 8

1) Schreibe zu jedem Bild eine Malaufgabe und löse sie.

a)   b) 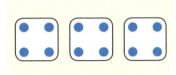   c)

_____   _____   _____

2) Male das Bild fertig, damit es zur Aufgabe passt. Löse die Aufgabe.

$6 \cdot 4$

$6 \cdot 4 =$ _____

3) Löse die Schlüsselaufgaben.

$1 \cdot 4 =$ ____ $2 \cdot 4 =$ ____ $10 \cdot 4 =$ ____ $5 \cdot 4 =$ ____

4) Schreibe zu jedem Bild eine Malaufgabe und löse sie.

a)    b)    c)

_____   _____   _____

5) Löse die Schlüsselaufgaben.

$1 \cdot 8 =$ ____ $2 \cdot 8 =$ ____ $10 \cdot 8 =$ ____ $5 \cdot 8 =$ ____

6) Löse die Aufgaben mithilfe der Schlüsselaufgaben.

a) $3 \cdot 4 =$ ____   b) $6 \cdot 4 =$ ____   c) $9 \cdot 4 =$ ____
   $4 \cdot 4 =$ ____ $7 \cdot 4 =$ ____ $8 \cdot 4 =$ ____
   $3 \cdot 8 =$ ____ $6 \cdot 8 =$ ____ $9 \cdot 8 =$ ____
   $4 \cdot 8 =$ ____ $7 \cdot 8 =$ ____ $8 \cdot 8 =$ ____

Das Einmaleins (I)

Übungen zum Multiplizieren und Dividieren

1 Male Bilder zu den Malaufgaben und rechne.

a)

3 · 4 = ___

b)

4 · 5 = ___

c)

2 · 8 = ___

2 Löse die Aufgaben mithilfe der Schlüsselaufgaben.

a) 3 · 5 = ___　　b) 4 · 2 = ___　　c) 3 · 4 = ___　　d) 2 · 8 = ___
　　6 · 5 = ___　　　　6 · 2 = ___　　　　6 · 4 = ___　　　　4 · 8 = ___
　　9 · 5 = ___　　　　8 · 2 = ___　　　　9 · 4 = ___　　　　6 · 8 = ___

3 Finde die Lösungen mithilfe der Umkehraufgaben.

a) 16 : 2 = _8_　　b) 35 : 5 = ___　　c) 24 : 4 = ___　　d) 48 : 8 = ___
　　_8 · 2 =_　　　　___ · 5 =　　　　_____　　　_____

4 Bilde die Aufgabenfamilien und rechne.

a) 8　5　40

8 · 5 = ___
5 · 8 = ___
40 : 5 = ___
40 : 8 = ___

b) 8　4　32

_____
_____
_____
_____

c) 6　8　___

_____
_____
_____
_____

5

a)
·	10	5	2
2			
4			
8			

b)
·	2	4	8
3			
6			
9			

c)
·		5	8
6	12		
			40
7			

6 Schreibe zur 4er-Reihe oder zur 8er-Reihe alle Aufgaben mit Lösungen auf.

1 · _____　_____　_____　_____　_____

_____　_____　_____　_____　_____

48　**Das Einmaleins (I)**

Sachrechnen: Rechengeschichten und Rechnungen

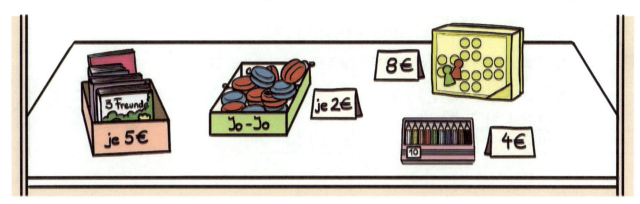

1 Welche Rechenkarte passt? ✗

| Ina kauft 3 Bücher. Wie viel muss sie bezahlen? | ○ 3€ + 5€ | ○ 5 · 3€ | ○ 3 · 5€ |

2 Schreibe passende Rechnungen auf.

a) 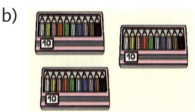   b)    c)

_____   _____   _____

3 Welche Rechengeschichten passen? ✗

○ Toni hat 20 €. Er kauft 2 Bücher.

○ Nina kauft ein Spiel. Nun hat sie noch 12 €.

○ Ali kauft 2 Pakete Buntstifte. Er bezahlt mit einem 20-€-Schein.

○ Lisa hat 20 €. Sie kauft 8 Jo-Jos.

4 Notiere die Rechnung und einen passenden Antwortsatz.

Frau Müller kauft 3 Spiele und bezahlt mit einem 50-€-Schein. Wie viel Geld bekommt sie zurück?

Rechnung: _____

Antwort: _____

Das Einmaleins (I)

Wiederholung

1 Schreibe zu jedem Bild eine Malaufgabe.

a) b) c)

_____   _____   _____

2 Male Bilder zu den Malaufgaben. Löse die Aufgaben.

a) $3 \cdot 5 =$ ____   b) $5 \cdot 4 =$ ____   c) $2 \cdot 8 =$ ____

3
a) $5 \cdot 5 =$ ____   b) $3 \cdot 2 =$ ____   c) $3 \cdot 4 =$ ____   d) $4 \cdot 8 =$ ____
$7 \cdot 5 =$ ____ $6 \cdot 2 =$ ____ $5 \cdot 4 =$ ____ $6 \cdot 8 =$ ____
$9 \cdot 5 =$ ____ $9 \cdot 2 =$ ____ $7 \cdot 4 =$ ____ $8 \cdot 8 =$ ____

4 Wie oft?

a) $14 = $ __ $\cdot 2$ b) $20 = $ __ $\cdot 5$ c) $24 = $ __ $\cdot 4$ d) $24 = $ __ $\cdot 8$
$16 = $ __ $\cdot 2$ $40 = $ __ $\cdot 5$ $32 = $ __ $\cdot 4$ $40 = $ __ $\cdot 8$

5 Finde die Lösungen mithilfe der Umkehraufgaben.

a) $30 : 5 =$ ____   b) $18 : 2 =$ ____   c) $36 : 4 =$ ____   d) $56 : 8 =$ ____
___ $\cdot 5 =$ ____   _____   _____   _____

6

a) Frau Berg kauft 3 Törtchen. Wie viel muss sie bezahlen?

Rechnung: _____

Antwort: Sie bezahlt ____ Euro.

b) Herr Meier bezahlt 20 €. Wie viele Törtchen kauft er?

Rechnung: _____

Antwort: Er kauft ____ Törtchen.

Das Einmaleins (I)

Stunden und Minuten

1 Wie spät ist es? Schreibe jeweils beide Uhrzeiten auf.

a) 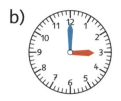 b)  c)  d) 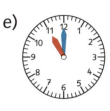 e)

1 Uhr _____ _____ _____ _____
13 Uhr _____ _____ _____ _____

2 Welche Uhrzeiten gehören zusammen? Verbinde.

| 6.30 | 22.45 | 23.10 | 15.15 | 3.15 | 7.45 | 11.10 |

3 Wie spät ist es? Schreibe jeweils beide Uhrzeiten auf.

a)  b) c) d) e)

1.15 Uhr _____ _____ _____ _____
13.15 Uhr _____ _____ _____ _____

4 Ergänze die Uhrzeiger und die fehlenden Uhrzeiten.

a)  b) c) d) 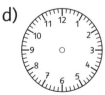 e)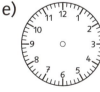

2 Uhr _____ _6 Uhr_ _____ _11 Uhr_
_____ _16 Uhr_ _____ _21 Uhr_ _____

Uhrzeiten

Zeitpunkte und Zeitspannen

1 Trage die folgenden Zeitspannen richtig ein.

 4 h   10 h   1 Stunde   6 h   8 h   2 Stunden

a)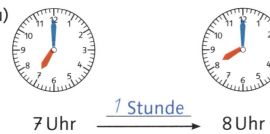

7 Uhr —1 Stunde→ 8 Uhr   b) 10 Uhr ———→ 16 Uhr

c) 1.00 Uhr ———→ 9.00 Uhr   d) 11.00 Uhr ———→ 13.00 Uhr

e) 6.30 Uhr ———→ 10.30 Uhr   f) 8.15 Uhr ———→ 18.15 Uhr

2 Wie viele Stunden sind vergangen?

a)  ___ Uhr —___ Stunden→ ___ Uhr   b) ___ Uhr —___ Stunden→ ___ Uhr

3 Wie viele Stunden sind vergangen?

a) 3.30 Uhr —h→ 4.30 Uhr   b) 15.30 Uhr ———→ 18.30 Uhr

c) 8.15 Uhr ———→ 12.15 Uhr   d) 18.15 Uhr ———→ 23.15 Uhr

e) 6.45 Uhr ———→ 15.45 Uhr   f) 12.45 Uhr ———→ 23.45 Uhr

4) Zeichne die Zeiger und trage die fehlenden Uhrzeiten ein.

a) jetzt   in 10 Minuten

_____ Uhr   _____ Uhr

b) jetzt   in 10 Minuten

_____ Uhr   _____ Uhr

c) jetzt   in 30 Minuten

_____ Uhr   _____ Uhr

d) jetzt   in 45 Minuten

_____ Uhr   _____ Uhr

5) Wann werden die Züge abfahren?

Zeit	Nach	
17:10	Stuttgart	10 Minuten später
18:21	Hagen	keine Verspätung
18:24	Köln	30 Minuten später

Abfahrt nach

Stuttgart um: _____

Hagen um: _____

Köln um: _____

6) Wie viele Minuten sind vergangen?

a) 6.45 Uhr —— min ——→ 7.15 Uhr

b) 7.50 Uhr ————→ 8.10 Uhr

c) 10.45 Uhr ————→ 11.20 Uhr

d) 14.40 Uhr ————→ 15.25 Uhr

7) Trage die Uhrzeiten ein.

a) _____ Uhr —30 min→ 7.30 Uhr

b) _____ Uhr —30 min→ 8.15 Uhr

c) _____ Uhr —50 min→ 10.00 Uhr

d) _____ Uhr —50 min→ 11.10 Uhr

Uhrzeiten   53

Einmaleins mit 3

1 Schreibe zu jedem Bild eine Malaufgabe und löse sie.

a)

b)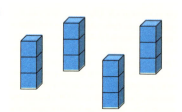

c)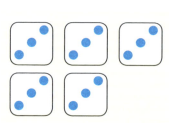

_____   _____   _____

2 Male die Bilder fertig, damit sie zur Aufgabe passt. Löse die Aufgaben.

a) $4 \cdot 3$

$4 \cdot 3 =$ _____

b) $6 \cdot 3$

_____

3 Schreibe die Schlüsselaufgaben der 3er-Reihe mit den Ergebnissen auf.

$1 \cdot 3 =$ _____ $2 \cdot$ _____ $10 \cdot$ _____ $5 \cdot$ _____

4 Löse die Aufgaben mithilfe der Schlüsselaufgaben.

a) $3 \cdot 3 =$ ____   b) $6 \cdot 3 =$ ____   c) $9 \cdot 3 =$ ____

$4 \cdot 3 =$ ____ $7 \cdot 3 =$ ____ $8 \cdot 3 =$ ____

5 Finde die Lösungen mithilfe der Umkehraufgaben.

a) $6 : 3 =$ ____   b) $12 : 3 =$ ____   c) $30 : 3 =$ ____   d) $18 : 3 =$ ____

$9 : 3 =$ ____ $15 : 3 =$ ____ $21 : 3 =$ ____ $27 : 3 =$ ____

6 Färbe die Zahlen, die zur 3er-Reihe gehören.

3   6   12   15   21   25   29

5   9   13   18   24   27   30

Das Einmaleins (II)

Einmaleins mit 6

1 Schreibe zu jedem Bild eine Malaufgabe und löse sie.

a)

b)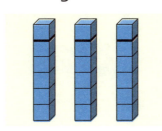

c)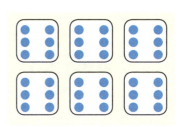

_____ _____ _____

2 Male die Bilder fertig, damit sie zur Aufgabe passen. Löse die Aufgaben.

a) $4 \cdot 6$

$4 \cdot$ _____

b) $5 \cdot 6$

_____

3 Schreibe die Schlüsselaufgaben der 6er-Reihe mit den Ergebnissen auf.

$1 \cdot 6 =$ _____   _____   _____   _____

4 Löse die Aufgaben mithilfe der Schlüsselaufgaben.

a) $3 \cdot 6 =$ ____   b) $6 \cdot 6 =$ ____   c) $8 \cdot 6 =$ ____

$4 \cdot 6 =$ ____ $7 \cdot 6 =$ ____ $9 \cdot 6 =$ ____

5 Finde die Lösungen mithilfe der Umkehraufgaben.

a) $60 : 6 =$ ____   b) $24 : 6 =$ ____   c) $18 : 6 =$ ____   d) $42 : 6 =$ ____

$30 : 6 =$ ____ $48 : 6 =$ ____ $36 : 6 =$ ____ $54 : 6 =$ ____

6 Färbe die Zahlen, die zur 6er-Reihe gehören.

6   16   24   30   42   48   56

12   18   26   36   45   54   60

Das Einmaleins (II)   55

Einmaleins mit 9

1 Schreibe zu jedem Bild eine Malaufgabe und löse sie.

a) b) c)

_____   _____   _____

2 Schreibe die Schlüsselaufgaben der 9er-Reihe mit den Ergebnissen auf.

$1 \cdot 9 =$ _____   _____   _____   _____

3 Löse die Aufgaben mithilfe der Schlüsselaufgaben.

a) $3 \cdot 9 =$ ____   b) $6 \cdot 9 =$ ____   c) $9 \cdot 9 =$ ____

$4 \cdot 9 =$ ____ $7 \cdot 9 =$ ____ $8 \cdot 9 =$ ____

4 Finde die Lösungen mithilfe der Umkehraufgaben.

a) $90 : 9 =$ ____   b) $36 : 9 =$ ____   c) $54 : 9 =$ ____   d) $63 : 9 =$ ____

$45 : 9 =$ ____ $18 : 9 =$ ____ $72 : 9 =$ ____ $81 : 9 =$ ____

5 Trage die 3er-Reihe und die 6er-Reihe ein. Addiere die Zahlen. Was fällt dir auf?

3er-Reihe	3	6								
6er-Reihe	6									
	9									

Mir fällt auf: _____

6 Färbe die Zahlen, die zur 9er-Reihe gehören.

9   18   35   45   54   72   81

17   27   36   49   63   76   90

56 Das Einmaleins (II)

Einmaleins mit 7

1 Schreibe zu jedem Bild zwei Malaufgaben und löse sie.

a)

b)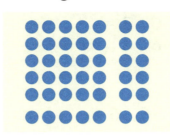

c)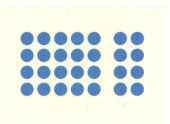

_____   _____   _____

_____   _____   _____

2 Schreibe die Schlüsselaufgaben der 7er-Reihe mit den Ergebnissen auf.

1 · 7 = _____   _____   _____   _____

3 Löse die Aufgaben mithilfe der Schlüsselaufgaben.

a) 3 · 7 = ____   b) 6 · 7 = ____   c) 9 · 7 = ____
   4 · 7 = ____   7 · 7 = ____   8 · 7 = ____

4 Immer drei Karten gehören zusammen. Färbe in der gleichen Farbe.

| 8 · 7 | 4 · 7 | 7 · 6 | 7 · 8 | 63 |

| 42 | | 7 · 9 | |
| 6 · 7 | 56 | 9 · 7 | 28 | 7 · 4 |

5 Finde die Lösungen mithilfe der Umkehraufgaben.

a) 70 : 7 = ____   b) 28 : 7 = ____   c) 21 : 7 = ____   d) 49 : 7 = ____
   35 : 7 = ____   56 : 7 = ____   42 : 7 = ____   63 : 7 = ____

6 Färbe die Zahlen, die zur 7er-Reihe gehören.

7   21   28   37   49   56   65

14   23   35   42   51   63   70

Das Einmaleins (II)

Übungen zum Einmaleins

1
a) 2 · 3 = ___
    4 · 3 = ___
    8 · 3 = ___

b) 3 · 3 = ___
    6 · 3 = ___
    9 · 3 = ___

c) 2 · 6 = ___
    4 · 6 = ___
    8 · 6 = ___

d) 3 · 6 = ___
    6 · 6 = ___
    9 · 6 = ___

2
a) 15 : 3 = ___
    18 : 3 = ___
    21 : 3 = ___

b) 36 : 6 = ___
    48 : 6 = ___
    60 : 6 = ___

c) 45 : 9 = ___
    63 : 9 = ___
    81 : 9 = ___

d) 28 : 7 = ___
    49 : 7 = ___
    63 : 7 = ___

3

a)
·	3	6	9
10			
5			
4			

b)
·		10	7
2	10		
		70	
8			

4 Bilde die Aufgabenfamilien und rechne.

a) 4, 7, 28
  4 · 7 = ___
  7 · 4 = ___
  28 : 7 = ___
  28 : 4 = ___

b) 3, 6, 18
_____
_____
_____
_____

c) 2, 7, 14
_____
_____
_____
_____

d) 4, 9,
_____
_____
_____
_____

e) 3, , 27
_____
_____
_____
_____

f) , 6, 48
_____
_____
_____
_____

5
a) 15 = ___ · 3
    36 = ___ · 6
    54 = ___ · 9

b) 49 : ___ = 7
    42 : ___ = 6
    36 : ___ = 9

c) 3 · 6 = ___ · 9
    6 · 6 = 9 · ___
    4 · 4 = ___ · 8

Das Einmaleins (II)

Sachrechnen: Kombinieren

1) Ina baut einen Turm aus 3 Bausteinen.
Wie kann der Turm aussehen?
Male alle Möglichkeiten auf. Wie viele gibt es?

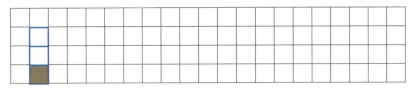

Es gibt ____ verschiedene Möglichkeiten.

2) Nino überlegt, was er zum Gartenfest anzieht. Er wählt zwischen
3 T-Shirts und 2 Hosen. Wie viele Möglichkeiten hat er? Zeichne.

Nino hat ____ verschiedene Möglichkeiten, sich anzuziehen.

3) Lisa und Toni schmücken den Garten mit bunten Fahnen. Sie haben
eine rote, eine blaue und eine gelbe Fahne.
Wie können sie die Fahnen aufhängen?
Zeichne alle Möglichkeiten. Wie viele gibt es?

Es gibt ____ verschiedene Möglichkeiten.

Das Einmaleins (II)

Wiederholung

1 Schreibe zu jedem Bild eine Malaufgabe und löse sie.

a)

b)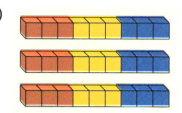

c)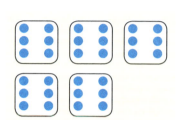

_____   _____   _____

2 Zeichne Punktefelder zu den Aufgaben. Löse die Aufgaben.

a) 3 · 3 = ____   b) 3 · 6 = ____   c) 2 · 7 = ____

3
a) 2 · 3 = ____   b) 3 · 6 = ____   c) 5 · 9 = ____   d) 6 · 7 = ____
6 · 3 = ____   5 · 6 = ____   7 · 9 = ____   7 · 7 = ____
9 · 3 = ____   9 · 6 = ____   9 · 9 = ____   9 · 7 = ____

4
a) 24 : 3 = ____   b) 24 : 6 = ____   c) 18 : 9 = ____   d) 21 : 7 = ____
12 : 3 = ____   42 : 6 = ____   72 : 9 = ____   35 : 7 = ____

5

a)
·	3	6	9
10			
5			

b)
·		6	9
3	9		
			54

c)
·	6		
8			56
4		36	

6 Papa hängt 3 Wimpel auf. Zeichne alle Möglichkeiten auf. Wie viele gibt es?

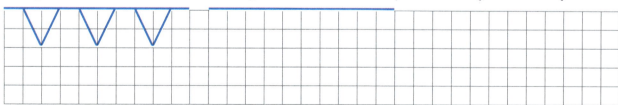

Es gibt ____ verschiedene Möglichkeiten.

Das Einmaleins (II)

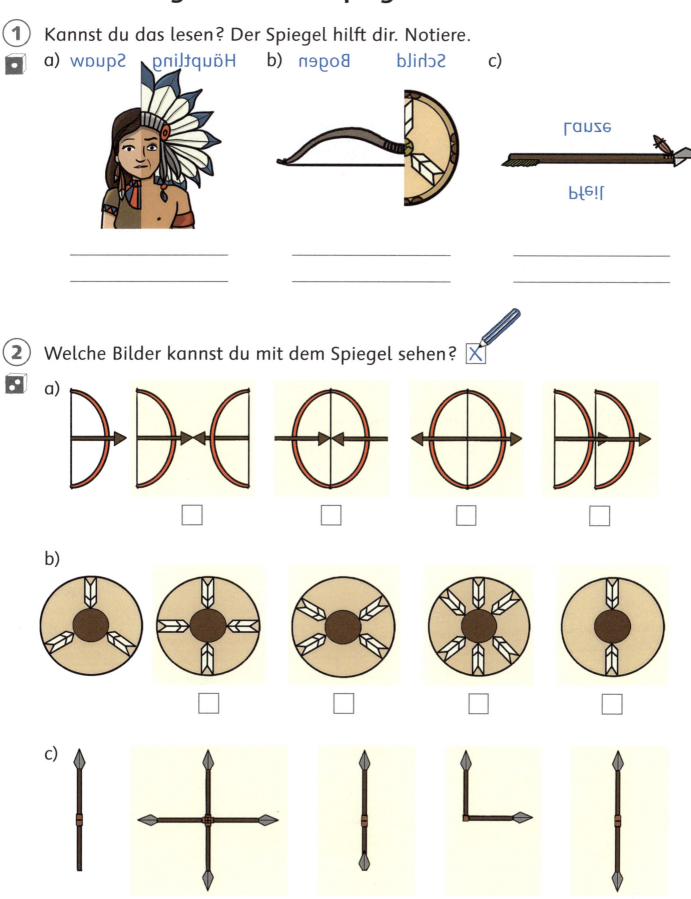

Symmetrische Figuren

1 Symmetrisch oder nicht symmetrisch? Zeichne die Spiegelachsen ein.

2 Zeichne jeweils die Spiegelachse ein.

a) 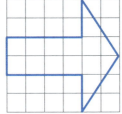 b) 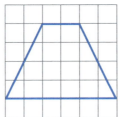 c) 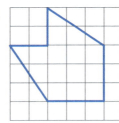 d)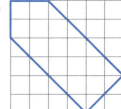

3 a) 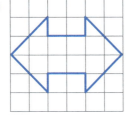 b) 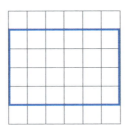 c)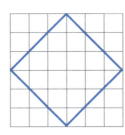

Hier gibt es immer mehrere Spiegelachsen.

4 Ergänze zu symmetrischen Figuren.

a) 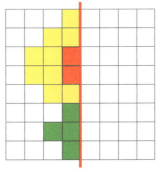 b) 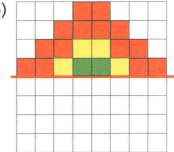 c)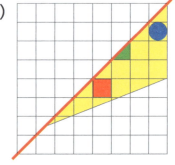

Achsensymmetrie

Addieren und subtrahieren (I)

1
a) 17 + 4 = ___
29 + 6 = ___
33 − 4 = ___
45 − 7 = ___

b) 36 + 30 = ___
42 + 15 = ___
57 + 26 = ___
54 + 38 = ___

c) 47 − 20 = ___
58 − 14 = ___
64 − 36 = ___
73 − 47 = ___

🐕 : 21, 26, 27, 28, 29, 35, 38, 44, 57, 66, 83, 92

2 Rechne und male.

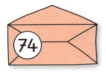
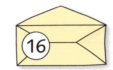

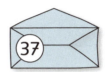

42 + 32	27 + 13	57 − 20	57 − 17	92 − 18
56 − 40	80 − 6	86 − 46	28 + 46	50 − 34
25 + 12	9 + 7	57 + 17	37 − 21	60 − 23

3

a)  33, 18, 17

b)  26, 27, 19

c)  92, 43, 34

4

 „Ich ergänze."

a) 43 − 42 = ___
36 − 34 = ___
68 − 65 = ___

b) 31 − 29 = ___
52 − 48 = ___
63 − 59 = ___

c) 51 − 48 = ___
65 − 59 = ___
82 − 78 = ___

5 Rechne geschickt.

a) 24 + 35 + 15 = ___
38 + 26 + 14 = ___
27 + 13 + 28 = ___

b) 39 + 27 + 11 = ___
25 + 24 + 16 = ___
46 + 15 + 25 = ___

c) 60 − 27 − 30 = ___
70 − 40 − 23 = ___
80 − 34 − 40 = ___

🐕 : 3, 6, 7, 65, 68, 74, 77, 78, 86

Rechnen bis 100

Addieren und subtrahieren (II)

1 Rechne und setze fort.

a)
35 + 14 = ___
36 + 15 = ___
37 + 16 = ___
___

b)
52 + 18 = ___
54 + 16 = ___
56 + 14 = ___
___

c)
79 − 35 = ___
78 − 34 = ___
77 − 33 = ___
___

2 a)

+	30	12	45
24			
36			
47			

b)

−	20	15	38
57			
75			
82			

c)

+	40		37
35		49	
		64	
58			

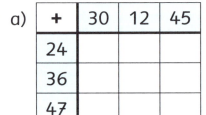
Bei Aufgaben mit 9, 19, 29, ... nutze ich den nächsten Zehner.

3
a) 23 + 19 = ___
35 + 29 = ___
46 + 39 = ___

b) 47 − 19 = ___
52 − 29 = ___
84 − 49 = ___

c) 55 + 29 = ___
60 − 39 = ___
33 + 49 = ___

21, 23, 28, 35, 42, 64, 82, 84, 85

4 Vergleiche. Setze <, > oder = ein.

a) 43 + 10 ◯ 50
37 + 23 ◯ 60
52 + 15 ◯ 70

b) 54 − 17 ◯ 40
87 − 24 ◯ 60
76 − 26 ◯ 50

c) 36 + 14 ◯ 70 − 20
84 − 16 ◯ 40 + 30
25 + 26 ◯ 90 − 40

5 Vorsicht, 4 Fehler!

a) 56 + 17 = ~~63~~ 73
34 + 36 = 70 ___
47 + 35 = 80 ___
26 + 53 = 79 ___

b) 57 − 37 = 30 ___
73 − 24 = 49 ___
72 − 36 = 36 ___
85 − 28 = 58 ___

64 **Rechnen bis 100**

Multiplizieren und dividieren (I)

1 Schreibe zu jedem Bild Malaufgaben. Rechne.

a)   b) 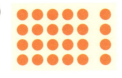 c)  d)

2 · 5 = ___   ___   ___   ___

___   ___   ___   ___

2
a) 3 · 5 = ___   b) 6 · 4 = ___   c) 4 · 7 = ___   d) 9 · 5 = ___
   3 · 6 = ___   6 · 8 = ___   4 · 8 = ___   9 · 7 = ___
   3 · 7 = ___   6 · 9 = ___   4 · 9 = ___   9 · 8 = ___

3

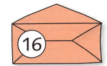   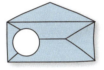
16   12   18   ○

| 9 · 2 | 5 · 4 | 8 · 2 | 3 · 4 | 6 · 2 | 4 · 4 | 4 · 5 | 6 · 3 |

| 3 · 6 | 2 · 10 | 2 · 6 | 2 · 8 | 4 · 3 | 10 · 2 | 2 · 9 |

4 Wie oft?

a) 40 = __ · 10   b) 18 = __ · 3   c) 24 = __ · 8   d) 28 = __ · 7
   20 = __ · 5   36 = __ · 6   48 = __ · 8   56 = __ · 7

5 Rechne Aufgabe und Umkehraufgabe.

a) 21 : 3 = ___   b) 36 : 4 = ___   c) 48 : 6 = ___   d) 42 : 7 = ___

  7 · 3 = ___   __ · 4 = ___   ___   ___

6 Lisa und ihre 2 Brüder gehen mit ihren Eltern in den Zirkus. Der Eintritt kostet 8 € für Erwachsene und 4 € für Kinder. Wie viel müssen sie insgesamt bezahlen?

Rechnung: _____

Antwort: _____

Rechnen bis 100

Multiplizieren und dividieren (II)

1 Bilde die Aufgabenfamilien und rechne.

a)

6 · __ = ___
7 · __ = ___
42 : __ = ___
42 : __ = ___

b)

_____
_____
_____
_____

c)

_____
_____
_____
_____

2 a)

·	4	6	7
2			
4			
8			

b)

·	3	5	9
3			
6			
9			

c)

·	2		8
5		30	
			48
7			

3
a) 20 : 10 = ___
   20 : 5 = ___
   40 : 5 = ___

b) 12 : 2 = ___
   24 : 4 = ___
   48 : 8 = ___

c) 16 : 4 = ___
   25 : 5 = ___
   36 : 6 = ___

d) 21 : 3 = ___
   35 : 5 = ___
   49 : 7 = ___

4 Vergleiche. Setze <, > oder = ein.

a) 3 · 7 ◯ 20
   6 · 5 ◯ 30
   8 · 6 ◯ 50

b) 40 : 5 ◯ 8
   36 : 6 ◯ 5
   72 : 8 ◯ 10

c) 8 · 7 ◯ 8 · 6
   42 : 6 ◯ 2 · 4
   24 : 4 ◯ 12 : 2

5
a) ___ · 2 = 14
   4 · ___ = 16
   ___ · 3 = 18

b) 4 · ___ = 24
   ___ · 5 = 35
   7 · ___ = 28

c) 32 : 4 =
   28 : ___ = 7
   ___ : 5 = 6

d) 40 : ___ = 5
   36 : 4 = ___
   ___ : 6 = 8

6 Frau Berger kauft 6 Packungen Müsliriegel. In einer Packung sind 5 Riegel. Wie viele Müsliriegel kauft Frau Berger?

Rechnung: _____

Antwort: _____

Rechnen bis 100

Teilen mit Rest

Nina und Simon können ____ Tüten füllen. Es bleiben ____ Pfirsiche übrig.

  Teile auf. Wie viel bleibt jeweils übrig?

a) 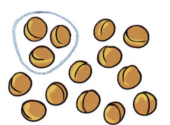   b)    c)

14 : _3_ = ___ R ___   ___ : 4 = ___ R ___   ___ : ___ = ___ R ___

 Teile auf.

a) 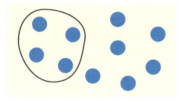   b)    c)

10 : ___ = ___ R ___   ___ : 3 = ___ R ___   ___ : ___ = ___ R ___

a) 13 : 4 = ___ R ___   b) 22 : 5 = ___ R ___   c) 34 : 6 = ___ R ___
   14 : 4 = ___ R ___   23 : 5 = ___ R ___   35 : 6 = ___ R ___
   15 : 4 = ___ R ___   24 : 5 = ___ R ___   36 : 6 = ___ R ___

5 Rechne und male.

| 15 : 7 | 25 : 6 | 20 : 9 | 18 : 4 | 22 : 5 | 23 : 7 | 17 : 4 | 22 : 3 |

| 16 : 4 | 32 : 8 | 28 : 5 | 19 : 4 | 39 : 6 | 35 : 7 | 42 : 6 |

Rechnen bis 100

Wiederholung

1)
a) 8 + 4 = ___
19 + 5 = ___
27 + 6 = ___
56 + 8 = ___

b) 38 + 25 = ___
36 + 16 = ___
65 + 27 = ___
77 + 18 = ___

c) 32 − 7 = ___
54 − 15 = ___
73 − 26 = ___
83 − 47 = ___

12, 24, 25, 33, 36, 39, 47, 52, 63, 64, 92, 95

2)
a) 2 · 6 = ___
10 · 6 = ___
5 · 6 = ___

b) 4 · 5 = ___
6 · 7 = ___
9 · 4 = ___

c) 6 · 4 = ___
9 · 3 = ___
3 · 8 = ___

d) 4 · 6 = ___
6 · 9 = ___
9 · 7 = ___

3)
a) 40 : 10 = ___
40 : 5 = ___
40 : 8 = ___

b) 16 : 2 = ___
32 : 4 = ___
32 : 8 = ___

c) 21 : 3 = ___
21 : 7 = ___
42 : 7 = ___

d) 27 : 3 = ___
54 : 6 = ___
54 : 9 = ___

4) Teile auf.

a)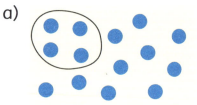
14 : ___ = ___ R ___

b)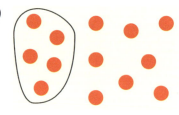
___ : 5 = ___ R ___

c)
___ : ___ = ___ R ___

5)  Vorsicht, 4 Fehler!

a) 25 + 16 = ~~40~~ 41
37 + 24 = 61 ___
46 + 34 = 80 ___
64 + 27 = 81 ___

b) 48 − 28 = 20 ___
86 − 44 = 42 ___
61 − 26 = 45 ___
57 − 37 = 30 ___

6)  Sulola kauft für ihren Geburtstag 7 Packungen Luftballons. Wie viele Luftballons kauft sie?

Rechnung: _____

Antwort: _____

Rechnen bis 100

100 und mehr

 1 Wie viele einzelne Dinge sind es jeweils? Verbinde.

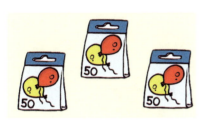

300

200

150

400

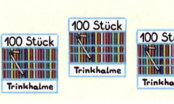

 2 Wie viele Punkte sind es?

a) 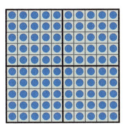   b) 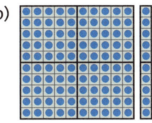   c)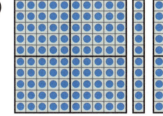

_____   _____   _____

 3 Wie viel Euro sind es?

a)    b)    c)

Es sind _____ Euro.   Es sind _____ Euro.   Es sind _____ Euro.

 4 Wie viel Cent sind es?

a)    b)    c)

Es sind _____ Cent.   Es sind _____ Cent.   Es sind _____ Cent.

Der Zahlenraum bis 200

1 Ergänze.

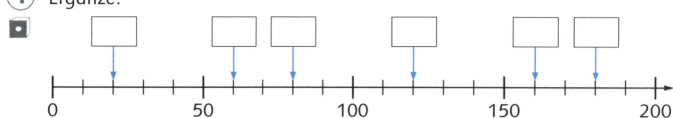

2 Setze die Reihen fort.

a)   90, 100, 110, _____, _____, _____

b)   100, 120, 140, _____, _____, _____

c)   150, 140, 130, _____, _____, _____

d)   200, 180, 160, _____, _____, _____

3 Vergleiche. Setze < oder > ein.

a)   20 ◯ 30   b)   60 ◯ 40   c)   90 ◯ 80

     120 ◯ 130   160 ◯ 140   190 ◯ 180

4 Ordne die Zahlen der Größe nach. Beginne mit der größten Zahl.

| 100 | 130 | 190 | ~~200~~ | 99 | 140 | 170 | 110 |

200, _____, _____, _____, _____, _____, _____, _____

5 Lege und rechne.

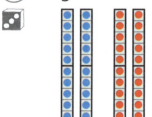   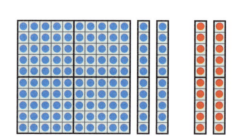

a) 20 + 20 = _____   120 + 20 = _____

b) 50 + 30 = _____   150 + 30 = _____

c) 40 − 10 = _____   140 − 10 = _____

70   100 und mehr

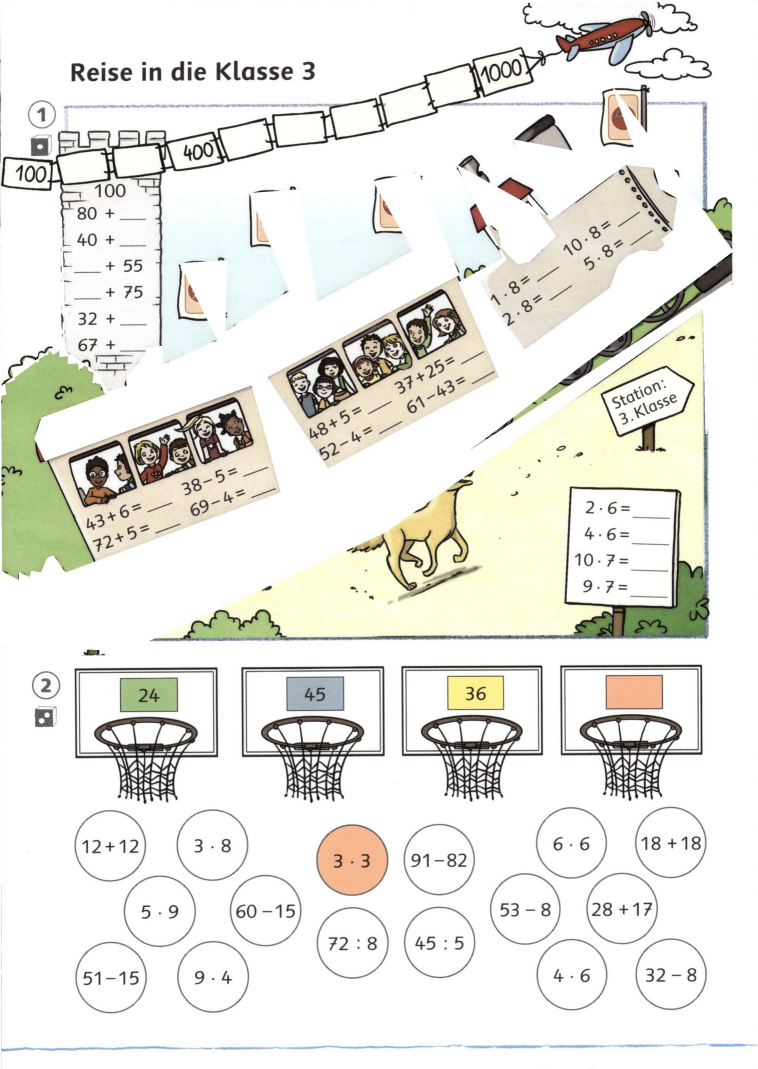

Mathematik 2
Arbeitsheft

Herausgegeben von	Joachim Becherer, Dr. Andrea Schulz
Erarbeitet von	Joachim Becherer, Martin Gmeiner, Mechthild Schmitz, Dr. Andrea Schulz, Heike Wadehn, Tanja Wolf-Gozdowski
Redaktion	Agnetha Heidtmann, Uwe Kugenbuch
Illustrationen	Doris Umschaden nach Entwürfen von Imke Sönnichsen, Imke Sönnichsen (Jojo)
Grafik	Christine Wächter
Umschlagillustration	Doris Umschaden
Layoutkonzept	Heike Börner
Layout und technische Umsetzung	Marion Röhr, MeGA 14

Bildnachweis: 12, 69 Euro-Scheine und -münzen © Europäische Zentralbank I 31 (Vorgeschriebene Fahrtrichtung links) Fotolia/markus_marb; (Landschaftsschutzgebiet) Shutterstock Creative; (Schild für Wasserschieber) Fotolia/Georg; (Verbot für Radverkehr) Fotolia/made_by_nana; (Notausgang) Shutterstock Creative; (Sackgasse) Shutterstock Creative; (Gefahrensymbol Leicht-/Hochentzündlich) Shutterstock Creative; (Verkehrsschild Kinder) Fotolia/markus_marb

www.cornelsen.de

1. Auflage, 1. Druck 2018

Alle Drucke dieser Auflage sind inhaltlich unverändert und können im Unterricht nebeneinander verwendet werden.

© 2018 Cornelsen Verlag GmbH, Berlin

Das Werk und seine Teile sind urheberrechtlich geschützt.
Jede Nutzung in anderen als den gesetzlich zugelassenen Fällen bedarf der vorherigen schriftlichen Einwilligung des Verlages. Hinweis zu §§ 60 a, 60 b UrhG: Weder das Werk noch seine Teile dürfen ohne eine solche Einwilligung an Schulen oder in Unterrichts- und Lehrmedien (§ 60 b Abs. 3 UrhG) vervielfältigt, insbesondere kopiert oder eingescannt, verbreitet oder in ein Netzwerk eingestellt oder sonst öffentlich zugänglich gemacht oder wiedergegeben werden. Dies gilt auch für Intranets von Schulen.

Druck: Parzeller print & media GmbH & Co. KG, Fulda

ISBN 978-3-06-082257-7

PEFC zertifiziert
Dieses Produkt stammt aus nachhaltig bewirtschafteten Wäldern und kontrollierten Quellen.
www.pefc.de